www.ingramcontent.com/pod-product-compliance
Lightning Source LLC
Chambersburg PA
CBHW052140270326
41930CB00012B/2967

مطالعاتی دربارهٔ خوانسار

(۱۱۵۷– ۱۳۷۲ قمری)

چهار نوشته دربارهٔ خوانسار

Studies on Khānsār

Four Essays on Khānsār (1744 -1953 AD)

Najafizadeh.org

San Francisco, USA, 2017

مجموعه کتاب‌هایی در «مطالعاتی دربارهٔ خوانسار»

Najafizadeh.org Studies on Khānsār

۱- عمارت میرمحمّدصادق

۲- مطالعاتی دربارهٔ خوانسار (۱۱۵۷–۱۳۷۲ قمری) : چهار نوشته دربارهٔ خوانسار

۳- مطالعاتی دربارهٔ خوانسار (۱۱۵۷–۱۳۷۲ قمری): چهار نوشته دربارهٔ خوانسار (چاپ تازه)

Najafizadeh.org Publications on Khānsār

- ‘Imārat-i Mīr Muḥammad Ṣādiq, 1254 AH = 1838 AD, volume I

- Studies on Khānsār: Four Essays on Khānsār, volume II

- Studies on Khānsār: Four Essays on Khānsār, volume II (second edition)

Najafizadeh.org Publications on Khansar
Four Essays on Khansar
ISBN-13: 978-1-7331083-5-5
ISBN-10: 1-7331083-5-1

فهرست مطالب

به نام خدا

یادداشت نویسنده

چهار نوشته‌ای که در این کتاب آمده، حاصل سفری است که نگارنده در سال ۱۳۹۱ خورشیدی به خوانسار کرده و بیش از شش ماه در هتلی نوبنیاد در همان شهر مانده تا آن‌ها را گردآوری کند. عنوان «مطالعاتی دربارهٔ خوانسار» گسترده‌تر از آن است که این نوشته‌ها بتواند بازگوکنندهٔ آن باشد. ما چون نام دیگری نیافتیم، ناگزیر همان را برگزیدیم.

نوشتهٔ اوّل که با *ابوالقاسم‌بن‌الحسین‌الحسینی‌الموسوی* (درگذشته در ۱۱۵۷ ه.ق)، سرسلسلهٔ *خاندان موسوی خوانساری* آغاز می‌شود، در واقع نقطهٔ شروع کار ماست. عالمی بنام در زمان *حملهٔ افغان به اصفهان* (۱۱۳۴ تا ۱۱۳۵ ه.ق) از آن شهر می‌گریزد تا سرانجام در روستایی در نزدیکی خوانسار سکنی گزیند. آن اقامت ده ساله تا ۱۱۵۷ ه.ق آن چنان تأثیری بر زندگی اجتماعی و فرهنگی آن شهر و حتّی *گلپایگان*، شهری در همان نزدیکی (*سرسلسلهٔ خاندان گلپایگانی*)، برجای می‌گذارد که ناگزیر شدیم تبعات آن را تا سال ۱۳۷۲ ه.ق (*درگذشت سیّدمحمّدحسن نجفی‌زاده*) دست‌کم در خوانسار پی بگیریم.

از *سیّدحسین‌ابن‌ابوالقاسم‌جعفر* – نوشتهٔ دوم – فرزند او گرفته که در همین شهر در سال ۱۱۹۱ ه.ق (۱۱۵۴ خورشیدی) درگذشته و آرامگاهش نزدیک به دویست‌وپنجاه سال است زیارتگاه خاص و عام است، تا ساخته‌های فرزندانش، ازجمله *محلّهٔ رئیسان* و بناهای مشهورش مانند *عمارت میرمحمّدصادق* (۱۲۵۴ ه.ق) — نوشتهٔ سوم- تا *بازاربالا* - نوشتهٔ چهارم- که بزرگ‌ترین مرکز تجاری خوانسار تا پیش از سال‌های ۱۳۵۰ خورشیدی بوده، همه‌وهمه نشان از اهتمام فرزندان *ابوالقاسم‌بن‌الحسین‌الحسینی‌الموسوی* یا میرکبیر به دگرگونی چهرهٔ دیار خود دارد؛ و چنان‌که می‌بینیم این چهار نوشته با یکدیگر ارتباط منطقی مستقیم دارد — آن طورکه در *چرا این چهار نوشته* آورده‌ایم — و بخش بزرگی از زندگی اجتماعی و فرهنگی شهر خوانسار را نزدیک به سه سده بازتاب می‌دهد.

هدف ما هم از این نوشته‌ها — که پیش‌تر هم یکی از آن‌ها را در جزوه‌ای جداگانه منتشر کرده‌ایم - این است که خوانندهٔ خود را با آن بخشی از سیصد سال زندگی اجتماعی شهر خوانسار آشنا کنیم که به‌طور مستقیم برگرفته از ورود «به‌تصادف» *ابوالقاسم‌بن‌الحسین‌الحسینی‌الموسوی* در سال ۱۱۴۳ ه.ق به آنجاست. این نوشته حاصل *مطالعات میدانی* نگارنده در سال ۱۳۹۱ خورشیدی در شهر خوانسار است و مدّعی پژوهشی تاریخی نیست.

روستای فشند، تابستان ۱۳۹۷ خورشیدی

به نام خدا

یادداشت نویسنده بر چاپ دوم

برخی کاستی‌ها و نادرستی‌ها به چاپ اوّل کتاب راه یافته بود، که به‌خودی‌خود به استواری نوشتهٔ ما در این مجموعه خلل وارد می‌کرد. ناگزیر آن کاستی‌ها را برطرف کردیم و گاهی هم چیزی افزودیم، که از همهٔ آن‌ها مهم‌تر «مقدّمهٔ *سیّدمحمّدحسن نجفی‌زاده بر سبیل‌الرشاد*» است.
کتاب هم در چشم ناشر ما، نسخه‌ای تازه است که «*شمارهٔ استاندارد بین‌المللی*» دیگری دارد تا تمیز آن از نسخهٔ پیشین آسان باشد.

روستای فشند، دهم اردیبهشت‌ماه ۱۳۹۹

١

ابوالقاسم بن الحسین الحسینی الموسوی (۱۰۹۰- ۱۱۵۷ه.ق)

Abū'l-Qāsim b. Ḥusayn al-Ḥusaynī al-Mūsawī (Died 1157 AH = 1744 AD)

مقبرهٔ ابوالقاسم بن الحسین الحسینی الموسوی (سال‌های چهل شمسی، قودجان، حومهٔ خوانسار)
Shrine of Abū'l-Qāsim b. Ḥusayn al-Ḥusaynī al-Mūsawī (died 1157 AH = 1744 AD)
Photo Courtesy of Najafizadeh.org (Copyright holder: Sayyid Ahmad Rouzati), circa 1960 AD)

۱

ابوالقاسم‌بن‌الحسین‌الحسینی‌الموسوی

ابوالقاسم ابن الحسین الحسینی الموسوی، یا سیّد ابوالقاسم جعفر حسینی موسوی، یا ابوالقاسم جعفر موسوی خوانساری، معروف به میرکبیر (۱۰۹۰ — ۱۱۵۷ قمری)[۱]

وی که در سال ۱۰۹۰ قمری[۲] به دنیا آمده، خود را از شاگردان علّامهٔ مجلسی می‌داند و دیگران او را از اکابر علمای قرن دوازدهم می‌شمارند. هم پدرش از علماست و هم خود در عتبات به همراه سیّدصدرالدّین قمی به تدریس اشتغال دارد. سیّدابوالقاسم‌جعفر که فتنهٔ سال‌های ۱۱۳۳ قمری در اصفهان را آزموده است و از آن‌ها به *ترادف هموم و غموم که در این ایّام نهایت شیوع و عموم دارد* یاد می‌کند، در سال‌های ۱۱۴۳ در خوانسار و در روستای قودجان سکنی دارد. در سبب ورود او به این مکان اقوال مبالغه‌آمیز و گاه متضاد، بسیار فراوان است. مسلّم آن است که او بیش از ده سال در این دیار زندگی می‌کند و بی‌وقفه وقت خود را، چنانچه خود به آن به علّت فقدان ناصح مشفق امین اشارت دارد، مصروف آموزش مقدّمات دین به عموم مردم و جلوگیری از بدعت و انحراف می‌کند. اگر این چنین است او دیگر در فکر اینجاوآنجا نیست. او در همین روستا به سال ۱۱۵۷ قمری[۳] در جایی که اکنون *محلّهٔ آقا* نامیده می‌شود، درمی‌گذرد و در مقبره‌ای که به نامش برپا شده است می‌آرامد. مزارش نیز، به‌مثابهٔ فرزندش *سیّدحسین‌ابن‌ابوالقاسم‌جعفر* زیارتگاه مؤمنین است. اکنون نزدیک به سه قرن است که زبان و قلم فرزندانش، هم‌چون خود او، زندگی مردم دیارش را گاه سامان می‌دهد و گاه از بنیان دگرگون می‌کند، چنانچه همان راه را، کسانی چون *سیّدمحمّدتقی خوانساری* و *سیّداحمد خوانساری* و *سیّدمحمّدرضا گلپایگانی*، و با اندکی تقریب، دیگرانی امّا از سلالهٔ همان امام همام شیعیان،

---

[۱] چون مؤلّف در دیباچهٔ کتاب، خود را چنین می‌نامد، ما نیز همین نام را ثبت کردیم، هرچند صورت‌های متعدّد دیگر نیز رایج است. و همچنین آن دیباچه و مقدّمه را که برگرفته از نسخهٔ ما، نسخهٔ چاپی و الکترونیک آن است با رسم‌الخطّ مستعمل خود ویرایش نمودیم؛ و آن را زین‌پس *مقدّمهٔ مناهج‌المعارف* (مصحّح نو) می‌نامیم. بنگرید به: روضاتی، سیّداحمد. *مناهج‌المعارف*. تهران: چاپخانهٔ حیدری، ۱۳۵۱

[۲] دربارهٔ مؤلّف، بنگرید به دهخدا: ابوالقاسم جعفربن حسین بن ......موسوی.

[۳] تذکره‌نویسان نیز سال ۱۱۵۷ قمری را برابر با «دانای ادب عالم ربّانی رفت یافته‌اند. (سیزدهم ذیقعده ۱۱۵۷ قمری). بسیاری دیگر کوشیده‌اند تا با استناد به منظومهٔ سه‌هزار بیتی او به زبان عربی و خالی از «همزه و الف، و مشهور به *منظومهٔ میمیّه* او را در زمرهٔ شعرا به‌شمار آورند که یقیناً به نوعی به استخفاف جایگاه علمی او می‌انجامد. ابیات منظومه، به‌ویژه ابیات پایانی، به این سبب که بازگوکنندهٔ تهدیدات و خطراتی (خطرهایی) است که آن عالم شیعی در زمان فتنهٔ افغان با آن روبه‌رو بوده، سندی است ارزشمند و غیرقابل‌انکار بر این مدّعا و به نقل از روضاتی، سیّداحمد: «از شاهکارهای ادب عربی است و کاشف از نهایت تسلّط مؤلّف بر لغت عرب است. (صفحهٔ صدوپنج مقدّمه)

موسی‌بن‌جعفرسلام‌الله‌علیه تا به امروز می‌پیمایند و امتداد می‌دهند. و این شاید نشانی از آن باشد که درخواست او از حضرت حقّ در حجر اسماعیل از باب آنکه علم و اجتهاد از میان فرزندانش تا ظهور حضرت *قائم (ع)* بیرون نرود، به‌درستی محقّق شده است.

نوشتهٔ روی سنگ قبر سیّدابوالقاسم جعفر که نسب او را به موسی‌بن‌جعفر علیه‌السلام می‌رساند.
Inscription on the Gravestone of Abū'l-Qāsim b. Ḥusayn al-Ḥusaynī al-Mūsawī (died 1157 AH = 1744 AD), (Copyright holder: Sayyid Ahmad Rouzati), circa 1960 AD

این نوشته چنین است:

کلّ من علیها فان و یبقی وجه ربّک ذوالجلال و الاکرام هذا مرقد السیّدالهمام قدوةالانام فریدالایّام علّامةالاسلام ...الفضلاءالکرام صاحب‌المقامات الفاخرة و الکرامات‌الباهرة و العبادات‌الزاهرة و السعادات‌الظاهرة خاتمةالمجتهدین حامی بیضةالدین ماحی آثارالمفسدین التقی الرضی الحاج **میرابوالقاسم‌الموسوی** نوّرالله مرقده السنّی ابن السیّد حسین بن القاسم بن محبّ‌الله بن القاسم بن المهدی بن زین‌العابد...ابن کریم‌الدین بن رکن‌الدین بن زین‌الدین بن **السیّدصالح‌بن‌محمّدالشهیر بالقصیر** ابن محمود بن الحسن بن الحسین بن احمد بن ابراهیم بن السیّد ... یحیی بن ابراهیم بن الحسن بن عبدالله بن **مولانا و امامنا موسی‌بن‌جعفر** بن محمّدبن‌علی بن الحسین بن علی بن ابیطالب علیهم‌الصلوة و السلام و لقد حقّ مثله بالقول‌الحقّ التمثّل فی مثل‌المقام بقول الفرزدق اولئک آبائی فجئنی بمثلهم اذا جمعتنا یا جریرالمجامع توفی ره فی ثالث عشری شهر ذیقعدة الحرام سنة **۱۱۵۷** سبع و خمسین و مائة بعد الالف. (سه نقطه شکستگی در سنگ است)

و امّا برای آنکه این اشارات را از زبان خود او بخوانیم، در آغاز دیباچه‌ای شیوا را که در سبب تألیف کتاب سترگ *مناهج‌المعارف*[۴] به زبان شیوای فارسی در بیان اصول دین در

---

[۴] میان نسخهٔ ما و *نسخهٔ سیّداحمد روضاتی* برخی تفاوت‌ها وجود دارد. ما در اینجا در این بحث ورود نمی‌کنیم. *نسخهٔ روضاتی* همان است که پیشتر از آن یاد کردیم.

پنج فصل در سال ۱۱۴۱ قمری نگاشته، و سپس مقدّمهٔ آن را، که دربرگیرندهٔ گزیدهٔ پنج فصل آن است، ذیل مقدّمهٔ *مناهج‌المعارف* (مصحّح نو) بی‌کم‌وکاست نقل می‌کنیم:[۵]

[۵] یادآوری می‌کنیم که تألیفات دیگری از او برجای مانده است، ازجمله *رساله در وجوب عینی نمازجمعه در زمان غیبت*، که ردّیه‌ای بر نظر *آقاجمال خوانساری* است، و *مصباح در ادعیهٔ نادره*، و *تتمیم الافصاح*، و *تعلیقات بر ذخیرةالعباد* و *کتاب الحجّ* که در روستای قودجان نگاشته و برخی دیگر.

مناهج‌المعارف

دیباچه و مقدّمهٔ مناهج‌المعارف (مصحّح نو)

تألیف ابوالقاسم‌بن‌الحسین‌الحسینی‌الموسوی

Manāhiǧ al-Maʿārif:
Foreword & Introduction (New Edition)
Abū'l-Qāsim Ǧaʿfar Mūsawī Ḫwānsārī Mīr Kabīr, or Abū'l-Qāsim b. Ḥusayn al-Ḥusaynī al-Mūsawī

بسم الله الرّحمن الرّحیم

دیباچه

الحمدللّه ربّ العالمین والصّلوة والسّلام علی سیّدنا و نبیّنا سیّدالمرسلین و خاتم‌النبیّین محمّدبن عبدالله الامین و علی اهل بیته الطاهرین و عترته المعصومین حفظه الشرع وقوّام الدّین. و بعد: چون در این اوان به تقدیر خالق منّان، اقلّ عبادالله العزیز القوی، ابوالقاسم‌بن‌الحسین‌الحسینی‌الموسوی غفرالله تعالی له ولوالدیه را، ورود به بعضی از محال بُرورود[۶] اتّفاق افتاد، و ادراک صحبت جمعی از اعزّهٔ آن حدود که همگی تشنگان زلال عبودیّت و بندگی خداوند کریم ودود بودند روی داد، و این حقیر ایشان را به برخی از آنچه حضرت خالق جلّه عظمه از عموم خلایق در مقام بندگی و در ایّام زندگی خواسته و طلبیده است اخبار و اعلام می‌نمود؛ از معارف یقینیّهٔ ثابتهٔ جازمه، و اعمال بدنیّه واجبهٔ لازمه، که در نشأهٔ آخرت، و سرای اقامت، نجات از عقبات عقاب شدید، و وصول به درجات ثواب جاوید، موقوف بر آن‌ها، و در این دار عاریت، و سرمنزل رحلت، انخراط درسلک اهل ایمان، و دخول در زمرهٔ فرقهٔ ناجیهٔ ایشان، منوط و مربوط به آن‌هاست، و به علّت فقدان ناصح مشفق امین، اکثر اهل آن سرزمین، از معظم آن‌ها غافل، و به این سبب از بسیاری از تکالیف واجبهٔ الهیه بی‌خبر و ذاهل بودند و در طیّ این مقالات، و تضاعیف آن مقامات، مذکور گردانید: که عمدهٔ علما ما رضوان‌الله‌تعالی‌علیهم اجمعین را اعتقاد آن است که: درتحصیل عقاید یقینیّه که از آن‌ها به اصول دین تعبیر می‌کنند مطلقاً تقلید احدی جایز نیست، و ایمان که عبارت از اقرارداشتن و جزم به‌هم رسانیدن به آن‌هاست، به مجرد پیروی نمودن دیگران که تقلید عبارت از آن است حاصل نمی‌تواند شد، بلکه هر مکلّفی را لازم است که بر هریک از آن‌ها به‌قدر فهم و استعداد خود حجّتی و دلیلی داشته باشد، که جزم او به آن‌ها از رهگذر آن حجّت و دلیل به‌هم‌رسیده باشد.

---

[۶] روستایی در نزدیکی الیگودرز در استان لرستان.

و در ابواب فروع دین چون: نماز و روزه و امثال آن‌ها، تا مکلّف را ایمان درست که شرط صحیح‌بودن و قبول‌شدن سایر اعمال است حاصل نشود؛ و بعد از حصول ایمان مذکور تا جمیع مسائل عبادات خود را به طریقه و دستوری که شارع مقرّر فرموده است فرانگرفته و اخذ ننموده باشد، اصلاً هیچ عبادتی ازو صحیح و مجزی نخواهد بود؛ و در این باب به‌مجرّد آموختن و شنیدن از پدر و مادر، یا معلّم و رفیق و برادر اکتفا نمی‌تواند نمود.

بنابراین جمعی از اعزّهٔ آن دیار، به این حقیر بی‌مقدار، اشاره نمودند که رسالهٔ مختصره درین باب قلمی نماید، که مشتمل بوده باشد بر آنچه حصول ایمان، و قبول‌شدن اعمال بندگان موقوف است بر آن از مسائل اصول دین با دلایل هریک از آن‌ها، به نهجی که از برای اکثر بندگان، خصوصاً عوام مکلّفان، کافی و مورث جزم و یقین، و در مقام حساب، و هنگام سؤال و جواب، پسندیده حضرت ربّ الارباب تواند بود.

و همچنین اشتمال داشته باشد بر تعیین طریقه که هرگاه مکلّف به آن طریقه مسائل دین خود را فراگیرد و به آن عنوان طاعت‌ها و عبادت‌های خود را به عمل آورد، عبادت او صحیح، و ازو مجزی و مقبول تواند بود.

و هرچندکه این معنی فوق توانایی و طاقت، و زیاده از قدر استعداد و قابلیّت این حقیر بود، و ترادف هموم و غموم، که درین ایّام نهایت شیوع و عموم دارد، نیز عایق از این شغل خطیر می‌بود، لیکن چون مبادرت به انجاح این مسئول، و مسارعت به سوی ایضاح این معیار ردّ و قبول، از اهمّ واجبات و اقدم بر اکثر طاعات بود، متوکّلاً علی‌الله الودود و مستعیناً بالملک‌المعبود، شروع در آن نمود، و از جانب اقدس کریم وهّاب مسئلت نمود که این مهمّ خطیر، ازین بی‌مقدار حقیر، قرین اصابهٔ حقّ و صواب، و دلنشین عصابهٔ عقول و ألباب، با ایراث اجر و استعقاب ثواب، متمشّی و نفع کامل اتمّ، و فیض شامل اعمّ از آن صادر و ناشی تواند گردید. فاللّه عزّت عظمه سلطانه هو المولی الهادی، وانّه بفضله و احسانه مولی الایادی، و انّه علی کلّ شئ قدیر؛ و آن را به **مناهج‌المعارف** مسمّی و بر مقدّمه و پنج فصل و خاتمه مرتّب گردانید.

ابوالقاسم‌بن‌الحسین‌الحسینی‌الموسوی

بسم الله الرّحمن الرّحیم

مقدّمه

در بیان ناچاربودن تحصیل معارف مذکوره و توقّف داشتن باقی عبادات بر آن‌ها

بدان که برای هرکسی که به‌حدّ تمیز و عقل رسیده باشد، معلوم شده است که در هر دینی عملی و عبادتی چند می‌باشد که اهل آن دین آن‌ها را به عمل می‌آورند و معبود و خدای خود را به آن‌ها عبادت و پرستش می‌کنند. و همچنین به‌عنوان جزم و یقین می‌داند که در دین اسلام نماز و روزه و حجّ و امثال آن‌ها از عبادات هست، که اهل اسلام آن‌ها را بجا می‌آورند، و خود را مکلّف به آن‌ها می‌دانند. و این را نیز می‌داند که چون مکلّف شروع در نماز یا در عبادتی دیگر از عبادات می‌نماید، قصد می‌کند که این کار را از برای رضای خدای خود، و به جهت اطاعت و فرمان‌برداری جناب اقدس او به عمل می‌آورم، بنابراین، پس هرکه خواهد که در زمرهٔ اهل اسلام بوده باشد، و عبادتی از عبادت‌های ایشان را چون نماز مثلاً بجا آورد، باید که اوّلاً خدای خود را که آن عبادت را از برای او می‌کند بشناسد، و شناختن این معنی دارد که درست یعنی همچنان‌که هست او را بشناسد. پس باید که صفات ذاتیّه کمالیّه حق‌تعالی را، یعنی آن صفت‌هایی را که از برای ذات حق‌تعالی ثابت‌اند، و هرگز ازو زایل و منفک نمی‌شوند، و ضدّ آن‌ها موصوف نمی‌تواند شد، و آن‌ها حادث نمی‌تواند بود، و همیشه ذات اقدس او به آن‌ها موصوف بوده و خواهد بود، بداند، یعنی باید صفات ثبوتیه او را بداند، چون: قدرت و علم و اختیار و حیات و اِرده و کراهت و سمع و بصر و کلام و صدق و ازلی‌بودن و ابدی‌بودن. پس باید بداند که حق‌تعالی عالم است، و قادر و مختار و حیّ و مرید و کاره و سمیع و بصیر و متکلّم و صادق و ازلی و ابدی.

و همچنین صفات سلبیّه تنزیهیّه او را یعنی: آن صفت‌هایی را که از برای ذات حق‌تعالی نمی‌توانند بود، و ذات اقدس او از آن‌ها منزّه و مبرّاست نیز بداند. پس باید بداند که حق‌تعالی یگانه است، و شریکی در خداوندی، و در استحقاق عبادت و پرستش، و در خلق کردن چیزها ندارد، و بداند که او مرکّب نیست، و جسم و جوهر و عرض نیست، و او را مکانی و جهتی نیست، و مثل ندارد، و شبیه و نظیر ندارد، و ضدّی ندارد که با او معارضه تواند کرد، و دیدنی نیست نه در دنیا و نه در آخرت، و کنه ذات اقدس او را ادراک نمی‌توان نمود، و محلّ حوادث نیست که احوال مختلفه بر او حادث شود، مانند: سهو و فراموشی و خواب و پینکی و دلتنگی، و واماندگی و لذّت و الم و درد و بیماری و جوانی و پیری و لذت خوردن و آشامیدن و جماع کردن، و امثال آن‌ها؛ و آنکه حق‌تعالی با چیزی متّحد نمی‌شود، و در چیزی حلول نمی‌کند، و او را زن و فرزند نمی‌باشد، و در قدیم بودن شریکی ندارد، و

محتاج به هیچ‌چیز نمی‌تواند بود، و عجز و نقص در هیچ باب از برای ذات اقدس او نمی‌باشد. و مباحث توحید را که از اصول دین شمرده می‌شود عبارت از مجموع این امور است، که از اوّل این مبحث تا به اینجا مذکور شد.

و همچنین می‌باید که صفات فعلیّه حق‌تعالی را، یعنی آن صفاتی که متعلّق به افعال حق‌تعالی است نیز بداند، پس باید بداند که کار قبیح ازو صادر نمی‌شود، و ظلم نمی‌کند و اخلال به واجب نمی‌کند، و بندگان را جبر نمی‌کند در افعال، بلکه بندگان هرچه می‌کنند به اختیار خود می‌کنند، خواه طاعت باشد، و خواه معصیت، و خواه غیر آن‌ها، و در افعال خود مجبور نیستند که بی‌اختیار کارها ازیشان صادر شود، و تکلیف مالایطاق به بندگان نمی‌کند.

و ایضاً باید بداند که برحق‌تعالی تکلیف کردن بندگان، و لطف هر دو واجب است، و لطف عبارت از امری است که بندگان را نزدیک کند به طاعت، و دور گرداند از معصیت مانند: فرستادن پیغمبران، و نصب‌فرمودن امامان، و فرستادن کتاب‌ها از آسمان، و وعد فرمودن بر طاعت‌ها، و وعید کردن بر معصیت‌ها، و قراردادن ثواب و عقاب و امثال این‌ها. و آنکه حق‌تعالی حکیم است، و کارهای او همه منوط به حکمت و مصلحت است، و کار بی‌فایده و عبث ازو صادر نمی‌شود، و او را در کارها غرض‌های صحیح و حکمت‌های عظیم و نفع‌های بسیار ملحوظ و منظور می‌باشد، لیکن آن‌ها غرض‌ها و نفع‌ها از برای بندگان است، و مدّعا تحصیل نفع از برای خود نیست، زیرا که ذات اقدس او از همه نفعی و از هرچیزی بی‌نیاز و غنی است، و محتاج به هیچ‌کس و هیچ‌کار و هیچ‌چیز نیست؛ و مباحث عدل که ازجملهٔ اصول دین است در اصطلاح متکلّمین عبارت از این‌هاست که مذکور شد.

و دیگر باید بداند که حق‌تعالی این نماز را مثلاً و همچنین هرعبادتی را که می‌کند ازو خواسته است، پس باید بداند که حق‌تعالی بندگان را به عبادت‌ها امر نموده، و ایشان را به آن‌ها تکلیف فرموده است، و همچنین باید بداند که آن‌ها را به این نحو، و به‌این‌صورت که بجا می‌آورد ازو خواسته است، و این معنی موقوف است بر آنکه از جانب حق‌تعالی به او خبر رسیده باشد که آن عبادت‌ها را به این صورت‌ها می‌باید کرد. و چون می‌داند که حق‌تعالی وحی به او نمی‌فرستد، و احکام را بی‌واسطه به او و به امثال او نمی‌رساند، پس باید بداند که ناچار از برای حق‌تعالی رسولان و فرستادگان خواهند بود، که احکام و تکالیف الهی را به خلق برسانند، و خلایق را از عبادت‌هایی که ازیشان می‌خواهد خبردار گردانند، و کیفیّت و چگونگی آن‌ها را تعلیم ایشان نمایند. پس باید علم به وجود و بعثت پیغمبران، و به راستگویی و حقیّت ایشان به‌هم رساند، و چون می‌خواهد که از زمرهٔ اهل

اسلام بوده باشد، پس باید بداند و علم به‌هم رساند که ازجمله پیغمبران حضرت پیغمبر ما محمّد مصطفی صلّی‌الله‌علیه‌وآله از جانب حق‌تعالی بر ما مبعوث گردیده، و احکام الهی را به ما رسانیده است، همچنان‌که حق‌تعالی به او فرموده، و اصلاً تغییری در آن نداده است، نه از روی عمد و نه از رهگذر خطا و فراموشی و نسیان و امثال آن‌ها.

و این موقوف است بر آن که دانسته باشد که آن حضرت صلّی‌الله‌علیه‌وآله و همچنین جمیع پیغمبران معصومان‌اند از اوّل عمر تا آخر عمر، از هرگناه صغیره و کبیره، و از هرخطا و لغزش و سهو و نسیانی، و منزّه‌اند از هرچه منافات داشته باشد با اعتماد کردن بر اقوال و افعال ایشان، و از آنچه مانع تواند شد از علم قطعی به‌هم رسانیدن به راستی و درستی آنچه خبر می‌دهند از احکام دین و غیرآن‌ها، و آنچه می‌کنند از عبادت‌ها، و همچنین از امور عادیّهٔ متعارفه و غیرآن‌ها تا علم تواند داشت و یقین از برای او حاصل تواند شد، که ایشان آنچه می‌گویند و هرچه می‌کنند فرموده و پسندیدهٔ حق‌تعالی است و مسائل نبوّت که در اصول دین مذکور می‌شود، عبارت از این‌هاست.

و باید دانست که چون مکلّف این سه اصل را اقرار نماید، یعنی اقرار به توحید، و عدل الهی، و اعتراف به پیغمبری حضرت رسالت پناهی صلّی‌الله‌علیه‌وآله بکند، که کلمتین شهادتین متضمّن آن‌هاست، اسلام از برای او حاصل می‌شود، به‌شرطی‌که انکار امری که ضروری دین اسلام بوده باشد ازو ظاهر نگردد، و فعلی که مستلزم استخفاف و اهانت به این دین بوده باشد ازو صادر نشود. و فایدهٔ این اسلام بنا بر مشهور آن است که خون و مالش محفوظ می‌شود، و او را نکاح می‌توان کرد، و مستحقّ میراث بردن از مسلمانان می‌شود، و سایر احکام ظاهره اسلام بر او جاری است. و اگر چه اقرار او در واقع به‌مجرّد زبان تنها بوده باشد، لیکن به مجرّد همین قدر هرچند به دل نیز تصدیق به آن‌ها کرده باشد عبادات و اعمال او صحیح نخواهد بود، و در آخرت مستحقّ ثواب و رفتن به بهشت نمی‌شود، زیرا که باقی اجزاء ایمان که شرط قبول و صحّت اعمال است هنوز از برای او به‌هم نرسیده است. پس هرگاه مکلّف خواهد که از زمرهٔ مؤمنان بوده باشد، و عبادت‌های او به نحوی به عمل آید که جزم داشته باشد که موافق فرمودهٔ حق‌تعالی است، تا صحیح و مورث اجر تواند بود، و می‌داند که پیغمبران همیشه در دنیا نمانده‌اند، و به سرای آخرت رحلت فرموده‌اند، و همچنین می‌داند یا اگر هنوز ندانسته است به اندک التفات و تفحّصی می‌تواند دانست، که پیغمبران گذشته هریک که از دنیا می‌رفته‌اند، از برای دین خود حافظ و نگاهبانی تعیین می‌فرموده‌اند که آن دین را محافظت کند، و احکام آن دین را به خلایق برساند، ودر هرعصری یکی از ایشان می‌بوده است، و هریک از ایشان نیز که از دنیا

می‌رفته‌اند دیگری را به جای خود تعیین می‌کرده‌اند، و این امر همیشه مستمر می‌بوده است، تا پیغمبر صاحب دین دیگر از جانب حق‌تعالی مبعوث می‌شده است.

و چون پیغمبر ما خاتم پیغمبران است، و از دنیا رحلت فرموده است، و امید مبعوث شدن پیغمبر دیگر بعد از آن حضرت نیست، و کسانی که بعد از رحلت آن حضرت موجود می‌شوند، احکام الهی را از آن حضرت فرا نمی‌توانند گرفت، و تکلیف به عبادت‌ها ازیشان ساقط نیست، پس ناچار خواهد دانست که در هر عصری از اعصار این امّت نیز از برای دین پیغمبر ما صلّی‌الله‌علیه‌وآله حافظ و نگاهبانی می‌باید باشد که احکام الهی را به خلایق آن عصر برساند، و نگذارد که جاهلان و غرض‌داران از روی جهل و خطاء، یا از برای غرض‌های فاسدهٔ دنیا دین را تغییر دهند، و احکام الهی را کم و زیاد کنند، و چیزی که در آن نیست داخل، و چیزی که در آن داخل است بیرون کنند، و چنین شخصی را جانشین، و وصی و امام می‌گویند و چون می‌بیند که این امّت بعد از آن حضرت صلّی‌الله‌علیه‌وآله‌وسلّم درین باب اختلاف بسیار کرده‌اند، و هر طایفه ازیشان به امامی و پیشوایی قایل شده‌اند و به این سبب اختلاف بسیاری در عبادت‌ها و چگونگی آن‌ها به‌هم‌رسیده است. و می‌داند که اقوال مختلفه و آراء متضادّه همه حقّ نمی‌توانند بود، و البتّه و به یقین و به اعتراف همهٔ طوایف مسلمین، حقّ یکی از آن مذاهب خواهد بود، و باقی دیگر تمام باطل و اهل آن‌ها در گمراهی و ضلالت خواهند بود.

پس بر او لازم است که مذهب حق را در جملهٔ آن مذهب‌ها پیدا کند، و وصیّ به‌حق پیغمبر خود رابشناسد، و علم به حقیّت او به‌هم رساند، تا هرعبادتی را که به فرمودهٔ او به عمل آورد جزم تواند داشت که مطابق فرمودهٔ حضرت پیغمبر صلّی‌الله‌علیه‌وآله‌وسلّم خواهد بود، و موافق فرمودهٔ الهی به عمل آمده است.

پس هرگاه مکلّف مذکور از طایفهٔ شیعهٔ امامیّه اثنی‌عشریّه بوده باشد، بر او لازم خواهد بود که علم به حقیّت امامان خود به‌هم رساند، و بداند که بعد از آن حضرت خلیفه و جانشین او و امام بر همهٔ خلایق حضرت علی‌بن‌ابی‌طالب علیه‌الصّلوة والسّلام است. و بعد از آن حضرت فرزندان برگزیدهٔ بزرگوار او علیهم الصّلوة والسلام هریک خلیفه و جانشین یکدیگر، و تمام ایشان اوصیاء حضرت پیغمبرند به تفصیل و ترتیبی که در میانهٔ این طایفه معلوم و مذکور است، تا امام دوازدهم حضرت مهدی، هادی علیه الصّلوة والسّلام، که امام این زمان و خلیفه و جانشین آخر حضرت پیغمبر آخرالزمان است صلّی‌الله‌علیه‌وعلیهم‌اجمعین.

و می‌باید که علم به معصوم‌بودن ایشان نیز داشته باشد، و بداند که ایشان نیز مانند حضرت پیغمبر صلّی‌الله‌علیه‌وآله‌وسلّم از همهٔ گناهان مبرّا، و از هرچه منافات داشته باشد با راستی

و درستی گفتار و کردار ایشان در تمام عمر منزّه‌اند. و همچنین علم داشته باشد به آنکه ایشان به نصّ حق‌تعالی منصوب‌اند نه به اختیار امّت، و آنکه ایشان عالم‌اند به آنچه امّت به آن محتاج‌اند از امور دین و دنیا، و آنکه علم ایشان از رهگذر رأی و اجتهاد نیست، و آنچه ایشان می‌فرمایند حقّ است، و از جانب حق‌تعالی و رسول صلّی‌الله‌علیه‌وآله‌وسلّم می‌فرمایند، تا جزم و یقین از برای او حاصل تواند شد، که فرمودهٔ ایشان فرمودهٔ حق‌تعالی است، چنان‌که سابقاً نیز اشاره به آن شد؛ و مسائل امامت که در نزد طایفهٔ شیعه از اصول دین شمرده می‌شود عبارت از این‌هاست.

و چون هرعبادتی ثواب را لازم دارد، و ترک آن هرگاه آن عبادت واجب بوده باشد مستلزم عقاب خواهد بود، و این معنی موقوف است بر دانستن حقّیت و ثواب و عقاب، و دانستن جای آن‌ها و وقت آن‌ها، پس باید بداند که به‌غیر از این سرای دنیا سرای دیگر می‌باشد، و سوای این زندگانی سریع الفنا زندگانی دیگر خواهد بود، که خلایق بعد از مردن و پوسیدن و خاک شدن و بر طرف شدن دوباره با همین بدن‌ها زنده شوند، و ثواب و عقاب عمل‌های نیک و بد خود را بیابند، و نیکان به بهشت و بدان به جهنم روند به تفصیلی که در میانهٔ این امّت و این طایفه مذکور و مشهور است. و مباحث معاد که در اصول دین مذکور می‌شود عبارت از این‌هاست.

و هرگاه مکلّف این چند اصل، یعنی این پنج فصل را بالتمام، به‌نحوی‌که صحیح و مقبول تواند بود، بداند، و آن‌ها را اقرار و تصدیق به زبان و دل بکند، و انکار ضروری از ضروریّات اسلام یا ایمان نکند، و کاری که مستلزم استخفاف و اهانت به دین بوده باشد ازو صادر نشود، ایمان که از شرایط صحیح بودن عبادات، و خود از بهترین طاعات است از برای او حاصل می‌شود؛ ان‌شاءالله العزیز.

پس از برای کسانی که عقل و تمیز میانهٔ نیک و بد امور داشته باشند، و ازجمله سفیهان و ضعفاءالعقول نبوده باشند، بدون دانستن مجموع آن‌ها به‌عنوانی که مقبول تواند بود مطلقاً ایمان حاصل نمی‌شود.

و بر تقدیر دانستن آن‌ها همچنان‌که می‌باید هرگاه انکار یکی از ضروریات اسلام یا ایمان کنند، یا کاری ازیشان صادر شود که مستلزم استخفاف به دین بوده باشد، از اسلام یا از ایمان بیرون خواهند رفت چنان‌که مکرّر دانسته شد. و تفسیر ضروریّات دین، و تفصیل بعضی از آن‌ها، و تفصیل بعضی از اموری که مستلزم استخفاف به دین است، و حکم کسانی که به سبب آن‌ها مرتد می‌شوند در خاتمه مذکور خواهد شد؛ ان‌شاءالله تعالی.

ودیگر باید دانست همچنان‌که اشاره به آن شد، که از برای حصول ایمان اقرار داشتن به آن معارف به زبان تنها کافی نیست، بلکه به دل نیز تصدیق آن‌ها باید نمود، و مراد از تصدیق به دل آن است که مراتب مذکوره را اعتقاد ثابت جازمی داشته باشد که به شک انداختن احدی یا به ورود امری و عارضه آن اعتقاد و آن جزم زایل و بر طرف نتواند شد.

پس هرگاه کسی درین مراتب به وهم اکتفاء کند، یا شک داشته باشد یا به ظنّ آن‌ها را اعتقاد کرده باشد، ایمان از برای او حاصل نمی‌شود.

و هریک ازین جماعت مذکوره که از اوّل تا به اینجا مذکور شدند، هر طاعتی و عبادتی که بکنند، هرچند آن را درست به عمل آورده باشند صحیح نخواهد بود، و در آخرت امید نجات از جهنّم و خلاصی از عقاب از برای ایشان نیست، و ابدالآباد و همیشه مخلّد درجهنّم خواهند بود.

و براهین قاطعهٔ عقلیّه، و دلایل ساطعهٔ نقلیّه از برای این مطلب بسیار است، و ازین تقریر نیز که درین مقدّمه شد همهٔ این مراتب معلوم می‌گردد، زیرا که در همهٔ این صورت‌ها آن عبادت‌کننده نه جزم به معبود خود دارد که او کیست و نه جزم به عمل خود دارد که آن چیست؟ پس به این سبب مطلقاً ثمره و فایده از برای او نیست و فایدهٔ آن تمام هباست، و ثمرهٔ آن پاره‌شدن کفش و قبا؛ و السّلام علی من اتّبع الهدی.

و باید دانست چنان‌که در دیباچه نیز اشاره به آن شد، که عمدهٔ علما ما رضوان‌الله‌تعالی‌علیهم را اعتقاد آن است، بلکه بعضی ازیشان دعوی اجماع نیز بر آن کرده‌اند، که در معرفت و دانستن امور مذکوره تقلید کافی نیست، به‌این‌عنوان که بگوید که پدران ما این دین را داشته‌اند، و اهل شهر و ولایت، و اکابر و اعیان، و مشاهیر و بزرگان و علما و دانایان ما این مذهب را داشته و دارند، ما نیز پیروی ایشان کرده و مذهب ایشان را اختیار نموده‌ایم و به همین قناعت نموده باشد، و به غیر از متابعت ایشان حجّت دیگر از برای او نبوده باشد.

و فرموده‌اند که به چنین معرفتی مطلقاً ایمان حاصل نمی‌تواند شد، هرچندکه گمان کند که جزم به آن مراتب به‌هم رسانیده است.

چنان‌که ثقةالاسلام محمّدبن‌یعقوب کلینی رضی‌الله‌عنه در کتاب کافی از حضرت امام‌موسی‌کاظم علیه‌السّلام روایت کرده است که فرمود: سؤال می‌کنند در قبر از مؤمن که کیست پروردگار تو؟ می‌گوید: خدای؛ می‌گویند: چیست دین تو؟ می‌گوید: اسلام؛ می‌گویند: کیست پیغمبر تو؟ می‌گوید: محمّد صلّی‌الله‌علیه‌وآله؛ می‌گویند: کیست امام تو؟ می‌گوید: فلان؛ می‌گویند: چگونه دانستی این را؟ می‌گوید: امری بود که خدای تعالی مرا

هدایت کرد به آن، و ثابت داشت مرا بر آن ؛ می‌گویند به او که بخواب خوابیدنی که خیال پریشان در آن نباشد، مانند خوابیدن نوداماد با نوعروس؛ پس دری از بهشت از برای او می‌گشایند که از شمیم بهشت و گل‌های آن به او می‌رسد. پس می‌گوید که خداوندا زود قیامت را قائم گردان، شاید به اهل و مال خود برگردم.

و از کافر می‌پرسند که پروردگار تو کیست؟ می‌گوید: خدای تعالی؛ می‌گویند: پیغمبر توکیست؟ می‌گوید: محمّد؛ می‌گویند: دین تو چیست؟ می‌گوید: اسلام؛ می‌گویند: از کجا دانستی؟ می‌گوید: از مردم شنیدم که می‌گفتند، من گفتم و به آن قائل شدم. پس گرزی بر او می‌زنند که اگر انس و جن همه جمع شوند تاب آن را نداشته باشند؛ پس می‌گدازند چنان‌که قلعی می‌گدازد؛ پس روح را به او برمی‌گردانند، و دل او را در میان دو لوح از آتش می‌گذارند. پس می‌گوید: پروردگارا قیامت را دورگردان؛ و شواهد این مطلب در آیات کریمه، و احادیث شریفه بسیار است.

بلکه می‌باید هرکسی بر دین و مذهب خود حجّتی واضح و دلیلی روشن داشته باشد، که از برای او افادهٔ جزم و یقین می‌کرده باشد، و در هنگام پرسش، و در روز قیامت به آن متمسّک تواند شد، و آن را ازو قبول فرمایند.

لیکن آن حجّت و دلیل نسبت به احوال مکلّفین مختلف می‌باشد، و هرکسی را ضرور نیست که دلایل خود را بر منهاج قوانین علمیّه تقریر و تصویر تواند نمود و به روش شکل‌های منطقیّه آن‌ها را ترتیب تواند داد، و راه شبه‌ها و اشکالات مخالفان را در آن‌ها مسدود تواند کرد، و به آن‌ها بر خصم دینی خود غالب تواند شد.

بلکه اکثر خلایق را همان‌قدر کافی است که به وسیلهٔ آن دلایل جزم به آن مطالب از برای ایشان حاصل شود، گو همان دلیل نسبت به حال دیگری مفید جزم نبوده باشد.

پس از برای علما مثلاً دلیلی می‌باید که از برای غیرایشان آن دلیل در کار نیست، بلکه دلیل پست‌تر از آن کافی است، و آن دلیل که از برای غیرایشان کافی خواهد بود از برای علما غالباً کافی نیست و ازیشان قبول نخواهد شد.

و همچنین از برای هوشمندان صاحب‌شعور دلیلی می‌باید که از برای عوام‌الناس و مردم کم‌هوش و بی‌شعور در کار نیست، و دلیل پست‌تر از آن برای ایشان کافی است.

و کسانی که به خدمت علما و دانشمندان توانند رسید، و دلیل‌ها را از ایشان توانند شنید، و آنچه را که فهم خودشان به آن نتواند رسید ازیشان استفاده توانند نمود، دلیل ایشان می‌باید قوی‌تر و متین‌تر از دلیل کسانی باشد که آن معنی از برای ایشان میسّر نیست.

و مجملاً بر هر شخص مکلّفی لازم است که به‌قدر توانایی و فهم خود از برای هریک از آن مطالب دلیل تحصیل کند که نسبت به حال او مورث جزم به آن مطلب تواند بود، و آن را ازو قبول کنند.

و علامت قبول‌شدن آن این است که در آن باب سستی و کاهلی نکرده باشد، و فکر و اندیشهٔ بسیار کرده باشد، و جست‌وجو و تفحّص نموده باشد، و هرگاه داناتر از خودی را دیده باشد، در آن ابواب سخن گفته باشد، ودلیل‌های خود را بر او عرض کرده باشد، ودر حصول جزم مذکور فریب از نفس خود نخورده باشد، که اشتباه کرده باشد میانهٔ جزمی که از تقلید پدران و بزرگان به‌هم رسانیده بود، و میانهٔ جزمی که از دلیل می‌باید به‌هم رسد، و نفس خود را از خواهش‌ها و تعصّب‌ها، و از میل‌داشتن به مذهب پدران و بزرگان، و از دوستی باطایفه و دشمنی باطایفه دیگر پاک ساخته باشد، و غرضی و مطلبی به‌غیر از یافتن حق، و منظور و مدّعایی به‌غیر از نجات و رستگاری آخرت از برای او درین ابواب نبوده باشد.

و هرگاه او را شکّی حادث شده باشد، یا به واسطهٔ عروض شبهه اضطرابی در نفس او به‌هم رسیده باشد، در ازالهٔ آن کوشیده باشد، و در دفع آن سعی‌های بلیغ به عمل آورده باشد، و اگر خود از ازاله و دفع آن عاجز باشد، از داناتر از خودی مدد طلبیده باشد و تا آن را زایل نساخته باشد، آرام نگرفته باشد.

و چون چنین کند، ان‌شاءالله العزیز، به مرتبهٔ شریفهٔ ایمان فایز شده خواهد بود، و هر عبادتی که به نهج فرمودهٔ شارع ازو به عمل آید مجزی و صحیح، بلکه مرضی و مقبول درگاه حق‌تعالی، و مورث استحقاق اجر جزیل، و منتجّ دریافت ثواب جمیل خواهد گردید، چنان‌که حق‌تعالی در قرآن مجید در سورهٔ مبارکه نساء فرموده است: وَمَن يَعْمَلْ مِنَ الصَّالِحَاتِ مِن ذَكَرٍ أَوْ أُنثَى وَ هُوَ مُؤْمِنٌ فَأُولَـئِكَ يَدْخُلُونَ الْجَنَّةَ وَلَا يُظْلَمُونَ نَقِيراً؛ یعنی: و هرکه به‌جای آورد بعضی از اعمال صالحه را، چه هیچ کس را قوّت ارتکاب تمام آن‌ها نیست، از مرد یا زن در حالتی که او مؤمن باشد، پس آن گروه عمل کنندگان در آورده شوند یا در آیند به بهشت، و ستم دیده نشوند در ثواب خود به مقدار نقیری؛ یعنی: هیچ چیزی از ثواب ایشان کم نشود (و نقیر: گودال بسیار کوچکی را می‌گویند که در پشت استخوان خرما می‌باشد، و درکم‌قدری و حقارت به آن مثل می‌زنند)؛ و در جای دیگر فرموده است: مَنْ عَمِلَ صَالِحًا مِن ذَكَرٍ أَوْ أُنثَى وَ هو مُؤْمِنٌ فَلَنُحْيِيَنَّهُ حَيَاةً طَيِّبَةً وَ لَنَجْزِيَنَّهُمْ أَجْرَهُم بِأَحْسَنِ مَا كَانُوا يَعْمَلُونَ؛ یعنی: هرکه بکند کرداری شایسته از مرد یا زن، در حال آنکه او

مؤمن باشد، پس هرآینه و به تحقیق زندگانی دهیم او را در دنیا یا در بهشت یا در هردو جا زندگانی خوش، و هرآینه و البتّه بدهیم به ایشان مزد ایشان را به نیکوتر آنچه می‌کرده‌اند. و غیر آن از آیات کریمه که دلالت می‌کنند بر آنکه استحقاق ثواب و رهایی از عقاب مشروط و موقوف است بر ایمان و آنکه با تحقیق و حصول آن امید حاصل است به وعده‌های خداوند کریم منّان.

و دیگر باید دانست که غرض از ایجاد انسان، و آمدن او به این جهان سست بنیان، آن است که آدمی تحصیل توشهٔ آخرت نماید، و این جهان را دار مقام، و سرای سکون و آرام قرار ندهد، و کوشش و جهد می‌کرده باشد در آنچه در دار آخرت، و سرای آرام و استراحت نفع به او می‌رسانده باشد، و او را از شداید، و اهوال آن محلّ می‌رهانیده باشد.

و عظیم‌ترین آنچه باعث نجات و رستگاری آخرت می‌شود، تحصیل اعتقادات صحیحه است، که آدمی را از عقاب ابدی می‌رهاند، و به ثواب سرمدی می‌رساند؛ پس در آن باب زیاده از همهٔ ابواب کوشش باید نمود، و جدّ و جهد، و بحث و تفتیش تمام بر خود لازم باید دانست، و به‌قدر قلیل از یقین و معرفت قناعت نباید نمود، و پیوسته در صدد تحصیل مراتب عالیه آن باید بود، زیرا که هرمرتبه از مراتب معرفت که از برای آدمی حاصل شود، استعداد و قابلیّت مرتبهٔ بالاتر از آن از برای او حاصل می‌شود، تا به مرتبه‌ای می‌رسد که بالاترین همهٔ مرتبه‌هایی است که از برای غیرمعصومین حاصل می‌تواند شد، و بیشتر تفاضل و تفاوت درجات بهشت، و مراتب ثواب‌ها به سبب تفاوت معرفت‌هاست، و بسا عبادت بسیار قلیلی که با معرفت کامله صادر شود، که ثواب آن افزونی و زیادتی داشته باشد بر ثواب عبادت‌های چندین ساله که با آن قدر معرفت نبوده باشد.

و راه تحصیل آن مراتب عالیه، تضرّع و ابتهال به درگاه الهی است، و ترک تکاهل و تساهل و کوتاهی: وَالَّذِينَ جَاهَدُوا فِينَا لَنَهْدِيَنَّهُمْ سُبُلَنَا وَإِنَّ اللَّـهَ لَمَعَ الْمُحْسِنِينَ.

و چون مکلّف به توفیق و تیسیر الهی از تحصیل و تصحیح اعتقادات دینیّه فارغ شود، و به مذهب حقّ طایفهٔ امامیّه اعتقاد داشته باشد، و خواهد که عبادتی را مانند نماز و غیرها، به جهت فرمان‌برداری حقّ‌تعالی به عمل آورد. و سابقاً دانسته شد که می‌باید معلوم او بوده باشد، که آن عبادت را بر آن کیفیّت و صورت ازو خواسته است، و چون معلوم او شده است، که احکام از جانب حق سبحانه و تعالی بی‌واسطهٔ انبیا و پیغمبران و اوصیا ایشان صلوات‌الله‌علیهم‌اجمعین به خلق نمی‌تواند رسید، و پیغمبر ما صلّی‌الله‌علیه‌وآله خاتم پیغمبران است، و بعد از رحلت آن حضرت حفظ شرع، و تعلیم احکام به ائمّهٔ هدی تعلق دارد، و درین اوان به سبب غیبت حجّت عصر و امام زمان علیه‌الصلوة والسّلام وصول به

خدمت آن حضرت و فراگرفتن احکام از آن جناب میسّر نیست، و تکلیف به نماز و روزه وسایر عبادت‌ها از خلایق ساقط نیست، پس ناچار خواهد دانست که حق‌تعالی از برای مکلّفان راهی و طریقی قرار داده خواهد بود، که ایشان از آن راه و به آن طریق احکام الهی را فرا توانند گرفت، و در آن باب بر آن اعتماد توانند نمود، پس بر او لازم و واجب است که آن راه را تفحّص نماید، وآن طریق را پیدا کند، و مسائل و احکام عبادات خود را بالتّمام از آن راه و بدان طریق بیاموزد و فراگیرد، تا خاطرجمع تواند داشت که آنچه را که به عمل می‌آورد موافق فرموده، و مطابق رضای حق‌تعالی به عمل آمده است، و در روزحساب، و هنگام سؤال و جواب آن را حجّت خود قرار می‌تواند داد، و مستمسک به آن می‌تواند شد، و باید که درین باب نیز کوتاهی و تساهل را برخود روا ندارد، و امروز که روز مهلت، و هنگام فرصت است خود را چنان انگارد که در صحرای محشر با آن هول اعظم، و فزع اکبر حاضر شده، و ملائکه الهی اطراف و جوانب او را احاطه کرده، و زبانهٔ آتش و زبانیّهٔ جهنّم بر او مشرف شده‌اند. ومنتظر همین ایستاده‌اند که چون فرمان الهی صادر شود بی‌تأمّل او را دررایند و در قعر جهنم اندازند و با این حال خداوند ذوالجلال در محضر دوست و دشمن ازو این معنی را سؤال می‌فرماید و می‌گوید: که تو چه دانستی که مرا به این دستور و این طریق عبادت می‌بایست کرد، و حال آنکه مطّلع شده بودی که دستورها و طریق‌های مختلف در عبادت‌ها میانهٔ مردم به‌هم‌رسیده بود، و هرکسی طریقه‌ای را برای خود اختیار کرده بود و می‌دانستی که حق یکی از آن طریق‌ها بود و باقی تمام باطل بودند، پس تو به چه سبب خصوص این طریقه را اختیار کرده بودی، و به چه حجّت آن را حق می‌دانستی و از کجا بطلان آن‌های دیگر برای تو معلوم شده بود؟

پس هرچه آن روز در جواب می‌خواهد بگوید، امروز می‌باید آن را مهیّا کند، تا فردا تواند گفت، و ازو مسموع و مقبول تواند شد، والّا چنان‌که در دیباچه اشاره به آن شد، معظم علما ما رضوان‌الله‌تعالی‌اجمعین را اعتقاد آن است که هرگاه مکلّف عبادات مسائل دین خود را به غیر آن طریقه که حق‌تعالی مقرّر فرموده است فراگرفته باشد اصلاً و مطلقاً هیچ عبادتی و طاعتی از او مقبول و مجزی نیست، و در روز قیامت مورث نجات او نخواهد گردید، هرچندکه به حسب اتّفاق و فی نفس‌الامر آن‌ها را مطابق فرمودهٔ حق‌تعالی به عمل آورده باشد.

و نظایر آنچه مذکور شد درین مقام، همگی و بالتّمام، از کیفیّت مواخذه و اعتراض، و مطالبهٔ مستمسک و حجّت در خدمت‌کاری‌ها و فرمان‌برداری‌های ابناء جنس از سلاطین و اشراف، و اکابر و اعیان مشاهد و محسوس است، پس چگونه گمان توان برد که در درگاه الهی

هیچ یک از آن‌ها نیست، و بندگان در عبادت و بندگی و اطاعت و خدمتگزاری[۷] جناب اقدس خداوند جهان، و پادشاهان، جلّت عظمته سرخود و مطلق‌العنان می‌توانند بود، و بدون حجّت و برهان، و بدون اطّلاع بر حقیقت و حقیّت آن شروع در آن می‌توانند نمود.

و چون دانسته شد این مقدّمات، پس بدان که مجموع این مطالب مفصّله را به نهجی که قریب به افهام اکثر انام خصوصاً عوام تواند بود، و از برای حجّت ایشان کافی و تمام بوده باشد، در مقامی و فصلی که مناسب هریک بوده باشد به‌عنوان اختصار و به‌قدر احتیاج ایراد می‌نماید.

و درمسئلهٔ امامت که از اهمّ مهامّ و احتیاج به آن خصوصاً در این ایّام زیاده از سایر مطالب است، فی‌الجمله بسطی را مضایقه نمی‌نماید.

و همچنین از تکرار بعضی از مطالب، و توضیح بعضی از سخنان، هرچند درنظر هوشمندان بیجا و بی‌موقع نماید چون مخاطب به آن‌ها غالباً بی‌خبران عوام‌اند، و از تذکّر سخنان گذشته، و تفکّر در مطالب دقیقه عاجزند اباء و احتراز نمی‌نماید؛ والله الهادی الی سواء السبیل و هو حسبنا و نعم الوکیل.

ابوالقاسم‌بن‌الحسین‌الحسینی‌الموسوی

---

[۷] در نسخهٔ اصل: خدمتگذاری

ترتیب همهٔ فصل‌های کتاب

مقدّمه: در بیان ناچاربودن تحصیل معارف مذکوره و توقّف داشتن باقی عبادات بر آن‌ها

فصل اوّل: در اثبات صانع عالم جلّ شأنه و صفات ثبوتیّه و سلبیّهٔ او و اثبات عدل و حکمت او و آنچه متعلّق به آن‌هاست؛ و امّا صفات سلبیّه؛ تتمّه.

فصل دویّم: در اثبات نبوّت پیغمبران خصوصاً حضرت پیغمبر آخرالزّمان صلّی‌الله‌علیه‌وآله‌وعلیهم اجمعین و آنچه متعلّق به این مطلب است.

فصل سیّم: در اثبات امامت دوازده امام علی جمیعهم الصلوة والسّلام و آنچه متعلّق است به این مقام؛ تنبیه؛ تتمیم؛ فایده؛ تنبیه.

فصل چهارم: در اثبات معاد و متعلّقات و توابع آن است.

فصل پنجم: در بیان طریق تحصیل مسائل دین و راه معرفت به تکلیفات حضرت ربّ‌العالمین است؛ تتمیم: در ذکر عدالت آنچه متعلّق به آن است؛ خاتمه: در بیان آنچه مکلّف را از اسلام یا از ایمان به‌درمی‌برد و داخل کفر و آنچه جاری مجرای آن است می‌کند؛ تتمیم: در ذکر مجملی از معانی ایمان و اسلام و آنکه عبّاد در چه وقت مکلّف به تحصیل آن‌ها می‌شوند.

۲

سیّدحسین‌ابن‌ابوالقاسم‌جعفر (درگذشته در خوانسار: ۱۱۹۱ ه.ق)

Sayyid Ḥusayn b. Abū'l-Qāsim Ǧaʿfar (-1191 AH, died in Khānsār)

مقبرهٔ سیّدحسین در پشت *بازاربالا* (سال‌های سی شمسی)

Shrine of Sayyid Ḥusayn b. Abū'l-Qāsim Ǧaʿfar (died 1190 AH)
Photo Courtesy of Najafizadeh.org

۲

سیّدحسین ابن ابوالقاسم جعفر

سیّدحسین، که در خوانسار به دنیا آمده، نوآموزی را با پدرش *سیّدابوالقاسم‌جعفر* و *شیخ‌محمّدصادق عبدالفتّاح تنکابنی* آغاز می‌کند و سال‌ها بعد به صوابدید همان دو به عتبات می‌رود و به تحصیل ادامه می‌دهد. آوازهٔ نبوغ و فصاحت و حسن‌خطّ او به همگان می‌رسد، تا جایی که او دیگر در طراز اکابر علمای زمان خود به حساب می‌آید. با *آقاباقر بهبهانی* (۱۱۱۷–۱۲۰۵ ه.ق) مراوده دارد و *میرزای‌قمی*[۸] و *سیّدمهدی بحرالعلوم* (۱۱۵۵ — ۱۲۱۲) هم از شاگردانش به شمار می‌آیند. سرانجام به زادگاهش بازمی‌گردد، امّا این بار از زندگی گسترده دوری می‌کند و به امامت جمعه در مسجد چهارراه،[۹] بسنده می‌کند و نوشتن را پیشهٔ خود. او زاهدی متعبّد است و به ترک خوانسار رغبتی ندارد، و همین امر سبب می‌شود تا شهرتی در دیگر بلاد نیابد، امّا از *آقاباقر بهبهانی* نقل است که او *آقاسیّدحسین خوانساری* و *آقاسیّدحسین قزوینی* را شایستهٔ مرجعیّت تقلید می‌دانسته و جز آن دو کس دیگری را در ایران سراغ نداشته؛ و به گفتهٔ *سیّدبحرالعلوم*، پدر سیّدحسین، *میرسیّدابوالقاسم‌جعفر*، در حجراسماعیل از خداوند درخواست فرموده که علم و اجتهاد از میان فرزندانش تا ظهور حضرت قائم (ع) بیرون نرود. تألیفات *سیّدحسین* متعدّد است.[۱۰] او دو فرزند هم در سلسلهٔ علما دارد: *سیّدابوالقاسم*[۱۱] و *سیّدحسن*، که اوّلی جدّ *صاحب روضات* است و دومی نیای *میرمحمّدصادق* (بنگرید به: *عمارت میرمحمّدصادق*). سیّدحسین در سال ۱۱۹۱ قمری (هشتم ماه رجب) در خوانسار درمی‌گذرد و در *قبرستان پشت بازاربالا*[۱۲] مدفون و بر مزارش بقعه‌ای آجری برپا می‌شود.

---

[۸] میرزای‌قمی همسر خواهر سیّدحسین است (۱۱۵۰– ۱۲۳۱ ه.ق).

[۹] اکنون مسجد جامع *خوانسار* نامیده می‌شود.

[۱۰] برخی از نوشته‌های او: *حاشیه بر شرح لمعه* و *شرح زیارت عاشورا*

[۱۱] بنگرید به: *اعیان‌الشیعه* و *مکارم‌الآثار*

[۱۲] *قبرستان پشت بازاربالا* یکی از مکان‌های تاریخی خوانسار است که در شرق *بازاربالا* و *عمارت میرمحمّدصادق* قرار دارد. بسیاری دیگر از بزرگان و مشاهیر خوانسار در این گورستان مدفون‌اند، از جمله *سیّدمحمّدباقر مهدوی*، *فرزند عبدالحسین* (۱۳۳۷ شمسی)، از فرزندان میرکبیر، *حاج‌آخوند جلالی* (۱۳۴۳ شمسی) و *یا حکیم‌ایمانی* (۱۳۴۴ قمری).

اندکی بیش از پنجاه‌سال بعد[۱۳] در نزدیکی مقبرهٔ او *عمارت میرمحمّدصادق* در *محلّهٔ رئیسان* بنا می‌شود. ساکنین محلّهٔ نوبنیان از فرزندان او محسوب می‌شوند،[۱۴] و برخی از آنها نیز گاه با واسطهٔ چند پدر[۱۵] در کنار او می‌آرمند که آخرین آن‌ها از سلسلهٔ علما *سیّدمحمّدحسن* است:

سیّدمحمّدحسن ابن سیّدمحمّد ابن میرمحمّدصادق ابن سیّدمهدی، و دو برادر او:
سیّدمحمّدحسین ابن سیّدمحمّد ابن میرمحمّدصادق ابن سیّدمهدی، و
سیّدمحمّدصادق ابن سیّدمحمّد ابن میرمحمّدصادق ابن سیّدمهدی،[۱۶]

[۱۳] تاریخ بنا سال ۱۲۵۴ قمری است (= باغ ارمی).

[۱۴] به‌نقل از سیّدمحمّدحسن *نجفی‌زاده* و *روضاتی*، *سیّداحمد*. مناهج‌المعارف. تهران: چاپخانهٔ حیدری، ۱۳۵۱

[۱۵] از آن جمله‌اند: *سیّدابوالقاسم ابن سیّدحسین*، متوفّی به سال ۱۲۴۰قمری، جدّ *صاحب روضات*؛ *سیّدجواد ابن میرمحمّدصادق*، متوفّی به سال ۱۳۰۵ قمری؛ *سیّداسدالله ابن سیّدمحمّد*، متوفّی به سال ۱۳۴۴ قمری (پدر سیّدمحمّدتقی خوانساری)؛
سیّدمحمّدباقر ابن سیّداسدالله ابن میرمحمّدصادق، متوفّی به سال ۱۳۶۴ قمری؛
میرزامحمّدصادق ابن سیّدمهدی ابن میرمحمّدصادق، متوفّی به سال ۱۳۲۶ شمسی؛
آغابیگم، بنت سیّدمهدی‌ابن‌میرمحمّدصادق، زوجهٔ سیّدمحمّدحسن *نجفی‌زاده*، متوفّی به سال ۱۳۴۸ شمسی؛ *رقیّه‌سلطان*، بنت *سیّداسدالله ابن میرمحمّدصادق*، زوجهٔ *سیّدمحمّدحسین نجفی‌زاده*، متوفّی به سال ۱۳۴۲ شمسی؛ و برخی دیگر.

[۱۶] *سیّدمحمّدصادق* (مشهور به آقامجتهد)، که به سال‌های ۱۳۰۰ شمسی به اراک (سلطان‌آباد) مهاجرت کرده، خود در آن ناحیه عالمی بزرگ به‌شمار می‌آمده (مدفون در تخت‌فولاد اصفهان، متوفّی: پیش از ۱۳۲۰ شمسی؛ و همچنین بنگرید به نقباءالبشر، صفحهٔ ۸۷۶)؛ در جلد دوم *ضیاء الابصار فی ترجمة علماء خوانسار* (سیّدمهدی ابن‌الرضا. قم: انصاریان، ۱۳۸۲)، صفحهٔ ۲۳۶، مسامحتاً نام او ذیل: *سیّدصادق الاراکی الخوانساری* آمده است که درست آن *سیّدمحمّدصادق نجفی‌زاده* است، چنانچه نام دیگر برادر او در جلد اوّل کتاب، صفحهٔ ۶۲۵ *سیّدمحمّدحسن نجفی‌زاده* ذکر شده است. نقل نام *سیّدمحمّدحسین نجفی‌زاده* (متولّد ۱۲۹۷ قمری) یکی دیگر از برادران (متوفّی به سال ۱۳۲۸ قمری = داد جان در کوی جانان روز عاشورا حسین) در جلد اوّل کتاب در صفحهٔ ۶۶۵ با اضافهٔ *موسوی* درست است.

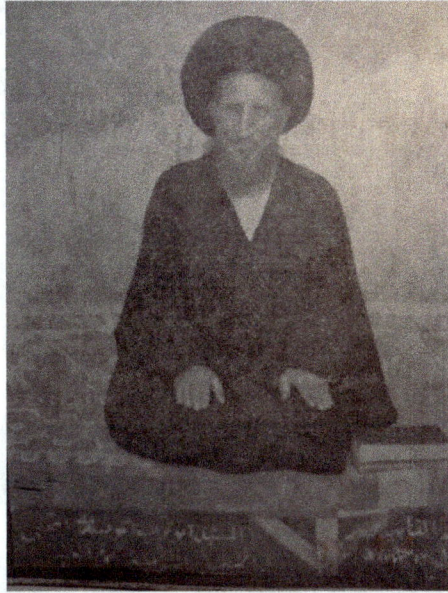

سیّدابوتراب خوانساری نجفی (۱۲۷۱- ۱۳۴۶ ه.ق)
Image of Sayyid Abū Turāb Ḫwānsārī Naǧafī (dated Shawwal 1323 AH, 1905 AD)
Photo Courtesy of Najafizadeh.org (copyrighted)

که همگی نزد دایی خود، *سیّدابوتراب خوانساری نجفی*، یا: *سیّدابوتراب بن ابوالقاسم بن سیّدمهدی بن سیّدحسن بن سیّدحسین ابن ابوالقاسم جعفر*، در نجف، مسمّی به نجف-ی-ز-ا-د-ه، درس خوانده‌اند (= شاگردان و مجازین)، و از علمای خوانسار در سال‌های ۱۳۰۰ شمسی و پیش از آن‌اند. به‌ویژه سیّدمحمّدحسین، که در جوانی درگذشته است (۱۳۲۷ قمری، مدفون در کربلا)، عالمی بنام و دارای تألیفات متعدّد است.

سیّدمحمّدحسن الموسوی الخوانساری مقدّمه‌ای بر کتاب *سبیل‌الرشاد فی شرح نجاة‌العباد*، *تألیف سیّدابوتراب خوانساری نجفی* نوشته که خود شرحی بر کتاب *صاحب جواهر* است، و آن را در سال ۱۳۳۲ قمری در طهران منتشر کرده است.

آنچه در زیر آمده، تصویری از همان دست‌نوشته است:

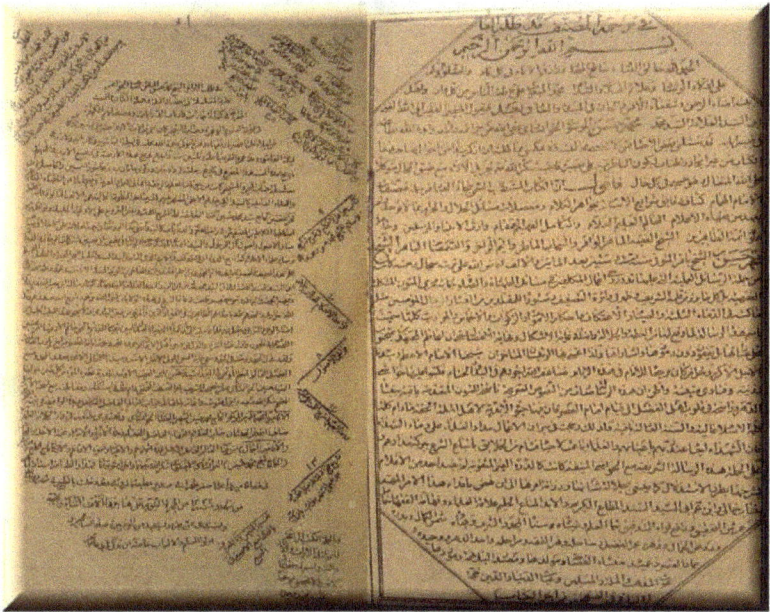

تصویر مقدّمهٔ *محمّدحسن الموسوی الخوانساری*، ابن السّید *العلّامه السّید محمّد*[17] بر *سبیل‌الرشاد فی شرح نجاة‌العباد*، تألیف *سیّدابوتراب موسوی نجفی*

Foreword by Sayyid Muḥammad Ḥasan Mūsawī Khānsārī (Nağafīzādih) to Sabīl al-Raŝād fī Šarḫ al-Niğāt al-ʿIbād

بازنویسی این دست‌نوشته و برگردان فارسی آن چنین است:

---

[17] و همچنین به نقل از روضاتی، سیّداحمد (مناهج‌المعارف، صفحهٔ دویست مقدّمه): از علمای ساکن خوانسار بوده و در نجف نزد خالوی خود آقاسیّدابوتراب (السیّدابوتراب الخوانساری النجفی) تحصیل کرده و ایشان اجتهادش را تصدیق فرموده و او کسی است که در چاپ کتاب *سبیل‌الرشاد* خالوی خود کوشش کرده و در اوّل آن مقدّمه‌ای نوشته است.

مقدّمهٔ عربی سیّدمحمّدحسن موسوی خوانساری (نجفی‌زاده)

بر

«نجاة العباد»

Foreword by Sayyid Muḥammad Ḥasan Mūsawī Khānsārī (Nağafīzādih) to Sabīl al-Rašād fī Šarḥ al-Niğāt al-ʿIbād

فِي تَرْجَمَةِ الْمُصَنِّفِ مُدَّ ظِلُّهُ الْعَالِي

بِسْمِ اللهِ الرَّحْمٰنِ الرَّحِيمِ

اَلْحَمْدُ للهِ خَالِقِ الْعِبَادِ وَسَاطِحِ الْمِهَادِ وَرَازِقِ الْأَنَامِ فِي كُلِّ نَادٍ وَالصَّلٰوةُ وَالسَّلٰمُ عَلَىٰ أَدِلَّاءِ الرَّشَادِ وَعَلَائِمِ الْهُدَىٰ وَالسِّدَادِ مُحَمَّدٍ الْمَبْعُوثِ عَلَىٰ قَاطِبَةِ النَّاسِ مِنْ كُلِّ وَادٍ وَأَهْلِ بَيْتِهِ أُمَنَاءِ الرَّحْمٰنِ وَشُفَعَاءِ الْإِنْسِ وَالْجَانِّ فِي الْمَبْدَءِ وَالْمَعَادِ **وَبَعْدُ** فَيَقُولُ الْحَقِيرُ الْفَقِيرُ إِلَى اللهِ الْغَنِيِّ ابْنُ السَّيِّدِ الْعَلَّامَةِ السَّيِّدِ مُحَمَّدٍ **مُحَمَّدُ حَسَنُ** الْمُوسَوِي الْخوانْسَارِي عَفَى اللهُ عَنْ جَرَائِمِهِ وَآثَامِهِ وَأَيَّدَهُ اللهُ بِطَاعَتِهِ فِي قَصِيرِ أَيَّامِهِ قَدْ سَئَلَنِي بَعْضُ الْأَحِبَّاءِ مِمَّنْ لَا يَسَعُنِي مُخَالَفَتُهُ وَلَا يُمْكِنُنِي مُمَاطَلَتُهُ أَنْ أَذْكُرَ نُبَذًا مِنْ أَحْوَالِ صَاحِبِ هٰذَا الْكِتَابِ مِنْ غَيْرِ إِيجَازٍ وَإِطْنَابٍ لِيَكُونَ النَّاظِرُ فِيهِ عَلَىٰ بَصِيرَةٍ فَأَجَبْتُهُ شُكْرًا للهِ تَعَالَىٰ لِجَزِيلِ الْآلَاءِ مَعَ ضِيقِ الْمَجَالِ مُتَوَكِّلاً عَلَى اللهِ الْمُتَعَالِ وَهُوَ حَسْبِي فِي كُلِّ حَالٍ **فَأَقُولُ** إِنَّ الْكِتَابَ الْمُسْتَطَابَ الْمُسَمّىٰ بِنَجَاةِ الْعِبَادِ مِنْ جُمْلَةِ مُصَنَّفَاتِ الْإِمَامِ الْهُمَامِ كَشَّافِ دَقَايِقِ شَرَايِعِ الْإِسْلَامِ بِجَوَاهِرِ الْكَلَامِ وَمُعْضَلَاتِ مَسَائِلِ الْحَلَالِ وَالْحَرَامِ بِمَا لَا يُوجَدُ وَلَمْ يُعْهَدْ مِنْ فُقَهَاءِ الْأَعْلَامِ الْعَالِمِ الْعَلِيمِ الْعَلَّامِ وَالْكَامِلِ الْفَهِيمِ الْقَمْقَامِ وَارِثِ الْأَنْبِيَاءِ وَالْمُرْسَلِينَ وَحَامِلِ عُلُومِ أَئِمَّةِ الطَّاهِرِينَ الشَّيْخِ الْفَقِيهِ الْمَاهِرِ الْوَاقِرِ وَالسَّحَابِ الْمَاطِرِ وَالْيَمِّ الزَّاخِرِ وَالصَّمْصَامِ الْبَاهِرِ **الشَّيْخِ مُحَمَّدْ حَسَنْ** بْنِ الشَّيْخِ بَاقِرِ الْمُتَوَفّىٰ سَنَةَ سِتٍّ وَسِتِّينَ بَعْدَ الْمِائَتَيْنِ وَالْأَلْفِ أَفَاضَ اللهُ عَلَىٰ تُرْبَتِهِ سِجَالَ رَحْمَتِهِ كَانَ مِنْ جُمْلَةِ

الرَّسائِلِ الْعَمَلِيَّةِ الَّتِي عَلَيْها تَدُورُ رَحَىٰ أَعْمالِ الْمُكَلَّفِينَ فِي مَسائِلِ الطَّهارَةِ وَالصَّلٰوةِ جارِيَةً مَجْرَى الْمُتُونِ الْمُشْكَلَةِ الْفِقْهِيَّةِ بَلْ كُلُّ ما بَرَزَ مِنْ قَلَمِهِ الشَّرِيفِ وَظَهَرَ فِي دائِرَةِ التَّصْنِيفِ دُسْتُورًا لِلْمُقَلِّدِينَ مِنَ النِّساءِ وَالرِّجالِ الْمُؤْمِنِينَ مِثْلَ ما كَتَبَهُ فِي الدِّماءِ الثَّلٰثَةِ وَالصِّيامِ وَالاعْتِكافِ وَأَحْكامِ الْأَمْواتِ وَالزَّكَواتِ وَالأَخْماسِ وَالْمَوارِيثِ كُلُّها سُمِّيَتْ بِاسْمِ هٰذِهِ الرِّسالَةِ لِما وَقَعَ لَها مِنَ الْعَظَمَةِ وَالْجَلالَةِ وَأَنَّها فِي غايَةِ الإِشْكالِ وَنِهايَةِ الإِعْضالِ حَتّىٰ أَنَّ أَعاظِمَ الْمُجْتَهِدِينَ يُمْتَحِنُونَ بِحَلِّ عِباراتِها بَلْ يَقِفُونَ دُونَ رُمُوزِها وَإِشاراتِها وَلِذا اعْتَنَىٰ بِها الرَّئِيسانِ الْمُتَأَخِّرانِ شَيْخُنا الإِمامُ الأَعْظَمُ وَسَيِّدُنا الأَجَلُّ الأَكْرَمُ وَجُلُّ مَنْ كانَ مَرْجَعًا لِلْأَنامِ فِي هٰذِهِ الأَيّامِ ضاعَفَ اللهُ أُجُورَهُمْ فِي الْبَدْوِ وَالْخِتامِ فَكَتَبُوا عَلَيْها حَواشِيَ رَزِينَةً وَفَتاوَى مَتِينَةً وَأَظُنُّ أَنَّ هٰذِهِ الرِّسالَةَ صارَتْ مِنَ النُّصُوصِ الصَّرِيحَةِ ناسِخَةً لِلْمُتُونِ الْمُتَقَدِّمَةِ باقِيَةً بِبَقاءِ الدَّهْرِ وَراسِخَةً فِي قُلُوبِ أَهْلِ الْفَضْلِ إِلىٰ قِيامِ إِمامِ الْعَصْرِ فَإِنَّ فِيها حَيٰوةُ الأَبَدِيَّةِ لِأَهْلِ الْمِلَّةِ الْحَقَّةِ مادامَ كَلِمَةُ الإِسْلامِ عالِيَةً وَالسُّنَّةُ الْعادِلَةُ باقِيَةً وَلِذٰلِكَ رَجَّحَتْ فِي مِيزانِ الأَعْمالِ مِدادَ الْعُلَماءِ عَلىٰ دِماءِ الشُّهَداءِ فَإِنَّ الشُّهَداءَ أَحْياءٌ عِنْدَ رَبِّهِمْ بِأَعْيانِهِمْ وَالْعُلَماءُ باعِثٌ لِإِحْياءِ فِئامٍ مِنَ الْخَلائِقِ بِاتِّباعِ الشَّرْعِ بِبَرَكَةِ مِدادِهِمْ وَعَلَى الْجُمْلَةِ هٰذِهِ الرِّسالَةُ الشَّرِيفَةُ مَعَ الْحَواشِي الْمُنِيفَةِ كانَتْ كَالدُّرَّةِ الْغَيْرِ الْمَثْقُوبَةِ لَمْ يَتَصَدَّ أَحَدٌ مِنَ الأَعْلامِ بِشَرْحِها بِطَرْزِ الاسْتِدْلالِ كَما يَنْبَغِي بِجَلالَةِ شَأْنِها وَرَزانَةِ أَمْرِها إِلىٰ أَنْ نَهَضَ بِإِقْدامِ هٰذَا الأَمْرِ الْمُهِمِّ جَنابُ خالِي وَابْنُ عَمِّ أَبِي السَّيِّدُ السَّنَدُ الْمُطاعُ الْكَرِيمُ وَالأَيِّدُ الْمَتاعُ الْحَلِيمُ عَلّامَةُ الْعُلَماءِ وَفَهّامَةُ الْفُقَهاءِ حامِلُ عَرْشِ التَّحْقِيقِ رافِعُ لِواءِ التَّدْقِيقِ سَماءُ الْعِلْمِ وَضِياؤُهُ وَسَناءُ الْمَجْدِ وَالشَّرَفِ وَبَهاؤُهُ شَمْسُ الْكَمالِ وَبَدْرُهُ وَرَوْضُ الْجَمالِ وَزَهْرُهُ بَحْرُ الْفَضْلِ وَساحِلُهُ وَنَهْرُ الْفِقْهِ وَمَراحِلُهُ واحِدُ الدَّهْرِ وَوَحِيدُهُ وَعِمادُ الْعَصْرِ وَعَمِيدُهُ مَنْشأُ الْفَصاحَةِ وَمَوْلِدُها وَمَصْدَرُ الْبَلاغَةِ وَمَوْرِدُها غَوْثُ الْمَذْهَبِ وَالْمِلَّةِ وَالْمُسْلِمِيْنَ وَغِياثُ الدُّنْيا وَالدِّيْنِ حُجَّةٌ فِي تِلْكَ الأَواخِرِ الشَّيْخُ مُحَمَّدْ حَسَنُ المائِنِ صاحِبُ الْجَواهِرِ بِطُرُقِهِ الْمُسَلْسَلَةِ إِلىٰ أَعْضادِ

المَلَّةِ وَحَمَلَةِ الكِتابِ وَالسُنَّةِ الْمَشْرُوحَةِ فِي كُتُبِ الإجازاتِ وَأَرْبابِ الدِّرايَاتِ وَمُصَنَّفاتِهِمِ الْكَثِيرَةِ فِي فُنُونِ العُلُومِ الوَفِيرَةِ وَجَنابُ الْمُسْتَجِيزِ كانَ أَخِي مِنَ الأَبِ وَالأُمِّ وَأَصْغَرَ مِنِّي بِسَنَتَيْنِ وَكانَ مِن أجِلّاءِ عُلَماءِ عَصْرِنا وَفُقَهاءِ دَهْرِنا تُوَفِّيَ رَحْمَةُ اللهِ عَلَيْهِ فِي لَيْلَةِ العاشُورِ وَكَانَ أَيْضاً وِلادَتهُ فِي لَيْلَةِ العاشُورِ وَمُدَّةُ عُمْرِهِ الشَّرِيفِ إِحْدَى وَثَلاثِيْنَ سَنَةً وَأَبْدَعُ بَدِيعِ هٰذِهِ الأَزْمِنَةِ فِي رَضِيعِ الأَدَبِ وَالْفَهْمِ فِي تارِيخِ هٰذِهِ السَنَةِ بِهٰذَا المِصْرَعِ فِي تارِيخِ رَحْلَتِهِ (داد جان در كوى جانان روز عاشورا حسين) وَالحاصِلُ أَنَّ سِلْسِلَةَ جَنابِ المُجِيزِ وَالمُسْتَجِيزِ كانَت مِنْ بُيُوتاتِ العِلْمِ وَالمَعْرِفَةِ وَفِيهِمْ جُمْلَةٌ مِن الفُقَهاءِ الْكامِلِينَ وَالعُلَماءِ العامِلِينَ كَالسَيِّدِ الكَبِيرِ جَدِّهِمِ الأَعْلَىٰ المُشْتَهِرِ بَيْنَهُمْ بِالمِيرِ صاحِبِ المَنْظُومَةِ الخالِيَةِ عَنِ الأَلِفِ المَأْلُوفَةِ وَابْنِهِ الجَلِيلِ فَخْرِ المُحَقِّقِيْنَ الحاجِّ سَيِّدِ مُحَمَّدْ حُسَيْنَ صاحَبِ التَعْلِيقَةِ عَلَى الشَرْحِ اللُمْعَةِ وَبَعْضِ الشُرُوحِ عَلَى الأَدْعِيَةِ الجَلِيلَةِ وَنَوافِلِهِما وَأَسْباطِهِما الْكامِلِينَ المُصَنَّفِينَ فِي مَراتِبِ العُلُومِ وَالدِّراياتِ كَالسَّيِّدِ المُحَقِّق صاحِبِ الرَّوْضاتِ وَأَخِيهُ العَلّامَةِ عَلَى الإِطْلاقِ صاحِبِ مَبانِي الأُصُولِ وَأُصُولُ آلِ الرَّسُولِ وَالسَيِّدِ المَهْدِيِّ المُهْتَدِي صاحِبِ الرِّسالَةِ فِي تَعْيِينِ أَبِي بَصِيرٍ مِن مُشْتَرَكاتِ الرِّجالِ وَالدِّرايَةِ وَسايِرِ عُلَماءِ الأَعْلامِ كَشارِحِ الدُرَّةِ أَعْلَى اللهُ كَعْبَهُ وَمِنهُم والِدِيَ الْماجِدُ السَّيِّدُ السَنَدُ الجَلِيلُ البَحْرُ المُحِيطُ وَالعَقْلُ البَسِيطُ الزّاهِدُ العَفِيفُ وَالعُنْصُرُ اللَطِيفُ خاتَمُ المُجْتَهِدِينَ وَأَعْلَمُ المُتَقَدِّمِينَ وَالمُتَأَخِّرِينَ المُؤَيَّدُ الْمُسَدَّدُ الآقا سَيِّدْ مُحَمَّدْ رَحِمَهُ اللهُ تَعالىٰ ابْنُ السَّيِّدِ السَّنَدِ الفَقِيهِ الحاذِقِ السَّيِّدِ مُحَمَّدْ صادَقِ ابْنِ السَّيِّدِ السَنَدِ العَلّامَةِ السَّيِّدِ مَهْدِي صاحِبِ رِسالَةِ أَبِي بَصِيرٍ المُتَقَدِّمِ ذِكْرُهُ وَفِيهِم الجُمْعَةُ وَالجَماعَةُ وَبِتَوَجُّهِهِم قامَتْ دَعائِمُ الشَّرْعِ فِي هٰذِهِ الوِلاياتِ أَجْزَلَ اللهُ بِرَّهُمْ وَشَرَحَ اللهُ صَدْرَهُم وَقَدَّسَ اللهُ أَسْرارَهُمْ وَأَلْحَقَهُمُ اللهُ بِأَجْدادِهِمِ الطّاهِرِينَ فِي الدُّنْيا وَالدِيْنِ وَالمَرْجُوُّ مِنْ فَيْضِ البارِي أَنْ لا يَخْلُوَ هٰذَا البَيْتُ الجَلِيلُ مِنْ أُمَناءِ الوَحْيِ وَالتَنْزِيلِ وَجَعَلَ فَيهِم عُلَماءَ عامِلِينَ إِلَىٰ أَنْ يَمْلَأَ الدُنْيا بِالعَدْلِ المُبِينِ بِقِيامِ القائِمِ بِالحَقِّ خاتَمِ الأَوْصِياءِ المَرْضِيِّينَ اللَّهُمَّ عَجِّلْ فِي

ظُهُورِهِ وَأَزِلْ غُبارَ الشِّرْكِ وَالذُّلِّ عَنْ وُجُوهِ أَهْلِ الإِيمانِ بِوُجُودِهِ بِحَقِّهِ وَحُرْمَةِ آبائِهِ المَعْصُومِيْنَ آمِينَ يا رَبَّ العالِمِيْنَ وَلَقَدْ بَذَلَ الجُهْدَ وَجَدَّ فِي الجِدِّ وَسَعَىٰ غايَةَ السَّعْيِ المَوْلَى الأَجَلُّ الأَسْعَدُ سَيِّدُنا العالِي الأَمْجَدُ مَعْدَنُ المَجْدِ وَمَنْبَعُ الفَضْلِ اَلعالِمُ الْمُعَظَّمُ الْمُؤْتَمَنُ (الميرزا سَيِّد حَسَن) ابْنُ الفَقِيهِ الأَوْحَدِ نادِرَةِ عَصْرِهِ الْمُبَرَّءِ مِن كُلِّ شَيْنٍ مَوْلِيْنا اَلسَّيِّدِ حُسَيْنِ الْخوانساري عَطِرَ مَضْجَعُهُ الشَّرِيفُ بِأَمْرِ المُصَنِّفِ المُحَقِّقِ دامَ ظِلُّهُ فِي اِستِكْتابِهِ وَمُقابَلَتِهِ مَعَ نُسْخَةِ الأَصْلِ المُصَحَّحِ شَكَرَ اللهُ سَعْيَهُ وَأُجْزَلَ مَثُوبَتَهُ وَأَعانَهُ بِالمُقابَلَةِ جَنابُ العالِمِ الفاضِلِ الكامِلِ زُبْدَةِ الواعِظِيْنَ وَنُخْبَةِ المُحَدِّثِيْنَ اَلآقا مِيرْزا مُحَمَّدْ عَلِيِّ بْنِ المَرْحُومِ الحاجّ مُحَمَّدْ حُسَيْنَ الشَهِيرِ بِالعَطّارِ الخوانساري وَتَصَدَّى بِطَبْعِهِ فِي دارِ الخِلافَةِ الطَّهْرانِ صانَها اللهُ عَنْ الحِدْثانِ جَنابُ العَلّامِ الفَهّامِ الفاضِلِ القَمْقامِ زُبْدَةِ الأَغِرَّةِ وَالأَخْيارِ وَنُخْبَةِ الأَجِلَّةِ وَالتُّجّارِ (الآقا مِيرْزا جَمال) ابْنِ جَنابِ الْعالِمِ العامِلِ الْكامِلِ عُمْدَةِ الأَفاخِمِ وَالأَعْيانِ وَأُسْوَةِ الأَعاظِمِ وَالأَرْكانِ تاجِ الْحاجِّ وَالنّاسِ (اَلْحاجّ شَيْخ مُحَمَّدْ حُسَيْنْ) الخوانساريّ الإصْفَهانِيّ شَكَرَ اللهُ سَعْيَهُما وَأُجْزَلَ مَثُوبَتَهُما فِي دارِ الطِّباعَةِ أَستادِ الْماهِرِ فِي الطَبْعِ آقا مِيرْزا عَلِيّ أَصْغَرَ طَهْرانِيّ مُدِيرِ مَطْبَعَةِ المَرْوِيّ وَقَد دَخَلتْ بِالطَبْعِ فِي شَهْرِ رَبِيعِ الثّانِي مِن شُهُورِ سَنَةِ ١٣٣٢ مِنَ الهِجْرَةِ النَبَوِيَّةِ عَلَىٰ هاجِرِها آلافُ الثَّناءِ وَالتَّحِيَّةِ. وَنَسْتَدْعِي مِمَّنْ يَقْرَءُ وَيَسْتَفِيدُ مِنَ المُؤْمِنِيْنَ عِبادِ الصالِحِيْنَ وَأُولُو العِلْمِ وَالأَلْبابِ خاصَّةً أَنْ تَذَكَّرَنا بِدُعاءِ الْخَيْرِ.

الحَواشي

إعلانٌ

لأزمٌ إظْهارُهُ مِن طَرَفِ مَخْزَنِ الصُحُفِ الإلٰهِيَّةِ وَمَجْمَعِ الكُتُبِ الإسْلامِيَّةِ المَعْرُوفِ بِكِتابْخانَه إيرانْ صانَها اللهُ عَنْ الحِدْثانِ إنَّ كُلَّ كِتابٍ أَوْ رِسالَةٍ طُبِعَ فِي المَذْهَبِ الاثنىٰ عَشَرِيِّ يُوجَدُ عِنْدَنا وَمِنَ الكُتُبِ المَقْبُولَةِ المَطْبُوعَةِ فِي عَصْرِنا هٰذا.

١- مُسْتَنَدُ الشِّيعَةِ لِلمُحَقِّقِ النَّراقِي أَعْلَى اللهُ مَقامَهُ
٢- تَذْكُرُ الفُقَهاءِ لِلعَلامَةِ الحِلِّيِ أَعْلَى اللهُ مَقامَهُ
٣- آيآت الأَحْكامِ لِلشَّيْخِ أَحْمَدَ الجَزائِرِيّ رَحْمَةُ اللهِ عَلَيْهِ
٤- مَدارِكُ الأَحْكامِ لِلشَّيْخِ رَفِيعِ الجادِبِيّ مَحْشِيٍّ بِحَواشِي البَهْبَهانِيّ رَحْمَةُ اللهِ عَلَيهِما
٥- جامِعُ الشَّتاتِ لِلمُحَقِّقِ القُمِّيّ رَفَعَ اللهُ دَرَجَتَهُ
٦- لَوامِعُ صاحِبْقَرانِيّ المُجَلَّدُ الأَوَّلُ شَرْحٌ مَبْسُوطٌ عَلَى مَنْ لا يَحْضُرُهُ الفَقِيهُ بِالفارِسِيَّةِ مِنَ الطَّهارَةِ إِلَى الحَجِّ يَلِيقُ أَنْ يُرَىٰ مَنْ طَلَبَهُ وَجَدَهُ.
٧- كِتابُ المَكاسِبِ لِلشَّيْخِ مُرْتَضىٰ الأَنْصارِيّ مَعَ المُلْحَقاتِ وَالحَواشِي مِن المُتَأَخِّرِيْنَ أَنارَ اللهُ مَثوِيهُمْ
٨- كِتابُ الطَّهارَةِ لِلشَّيْخِ أَيْضاً
٩- كِتابُ جَواهِرِ الأَحْكامِ فِي شَرْحِ شَرايِعِ الإسْلامِ لِلشَّيْخِ مُحَمَّدْ حَسَنْ رَحِمَهُ اللهُ
١٠- قَواعِدُ الأَحْكامِ لِلعَلاَّمَةِ رَحِمَهُ اللهُ
١١- قَوانِينُ الأُصُولِ
١٢- رَوْضَةُ البَهِيَّةِ فِي شَرْحِ اللُّمْعَةِ الدِمَشْقِيَّةِ
١٣- شَرْحُ نَهجِ البَلاغَةِ مِيرْزا مُحَمَّدْ باقِرِ اللاّهِيجِيّ اَلْمُشْتَهِر بِنُوّابٍ بِالفارِسِيَّةِ
١٤- تَفْسِيرُ الفَيْضِ (ره) المَعْرُوفُ بِالصّافِي مَعَ الأَصْفىٰ فِي الطَّبْعِ

وَبِالجُمْلَةِ الكُتُبُ الرائِجَةُ المَعْمُولَةُ فِي الآياتِ وَالآثارِ وَالفِقْهِ وَأُصُولِهِ وَمُقَدَّماتِهِ لا تُعَدُّ وَلا تُحْصىٰ مَوْجُودَةٌ مَنْ طَلَبَهُ فَقَدْ وَجَدَهُ.

مقدّمهٔ فارسی سیّدمحمّدحسن موسوی خوانساری (نجفی‌زاده)

بر

«نجاةالعباد»

Foreword by Sayyid Muḥammad Ḥasan Mūsawī Khānsārī (Naǧafīzādih) to Sabīl al-Rašād fī Šarḫ al-Niǧāt al-ʿIbād

در احوال مؤلّف مدّظلّه‌العالی

بسم‌الله‌الرّحمن‌الرّحیم

سپاس خداوندی را که آفریدگار بندگان و گسترانندهٔ زمین و روزی‌دهندهٔ انسان‌ها در هر جمعی است؛ و درود و سلام بر راهنمایان به راه درست و نشان‌های هدایت و استواری در این راه، محمّد، فرستاده بر عموم مردم از هر سرزمینی و اهل بیت و خاندان او که امانت داران خدای رحمان و شفیعان انس و جن در دنیا و آخرت هستند.

حقیر نیازمند به خداوند بی‌نیاز، **محمّدحسن موسوی خوانساری**، که خداوند قلم عفو بر معاصی و گناهانش بکشد، و او را در این ایّام کوتاه عمرش با طاعت خود یاری کند، فرزند **علّامه سیّدمحمد**، می‌گوید که یکی از دوستان که من نمی‌توانم خلاف خواستهٔ او عمل کنم و نمی‌توانم در تأمین خواسته‌اش درنگ روا بدارم، از من خواست که مختصری از احوال مؤلّف این کتاب، به‌طوری‌که نه خیلی کوتاه و نه طولانی باشد، بیان کنم تا خوانندهٔ آن آگاه و بینا باشد؛ من هم با همهٔ امکانات اندکم با توکّل به خداوند متعال پذیرفتم و خدای بزرگ را بر نعمت‌های فراوانش شکرگزارم و او درهرحال مرا کافی است.

ازاین‌رو، می‌گویم که کتاب نیکوی موسوم به *«نجاةالعباد»* ازجمله تألیفات امام بلندهمّت، کاشف احکام ریز و دقیق اسلام با گوهر سخن، گشایندهٔ گره‌ها از مشکلات و مسائل حلال و حرام از آن نوع راه‌حلّ‌ها که پیدا نمی‌شود و فقهای معروف به آن‌ها نپرداخته‌اند، عالم بسیار دانا و آگاه، با کمال و فهم، بسیار بزرگوار و سرشار خیر و دانش، وارث پیامبران و فرستادگان خدا، دارای علوم و دانش‌های ائمهٔ اطهار، شیخ فقیه چیره‌دست باوقار، ابر باران‌زای و دریای پربار، همچون شمشیر برّاق دارای عزم و ارادهٔ آهنین و استوار، *شیخ‌محمّدحسن*، فرزند *شیخ‌باقر*، درگذشته در سال ۱۲۶۶(ه.ق) که خداوند باران رحمتش را بر خاکش بباراند، می‌باشد؛ کتابی که ازجمله رساله‌های عملیّه‌ای است که اعمال مکلّفین

در مسائل طهارت و نماز بر پایه و محور آن انجام می‌شود و در حکم متون سخت فقهی است، و بلکه هرآنچه از قلم آن بزرگوار تراوش کرده و به رشتهٔ تحریر و تألیف درآمده برنامه و قانونی برای مقلّدین اعمّ از زنان و مردان مؤمن می‌باشد؛ همانند آنچه که در مورد خون‌های سه‌گانه، روزه، اعتکاف، احکام مردگان، زکات، خمس، ارث و میراث نوشته است که تماماً ذیل نام همین رساله آمده است؛ چرا که این رسالهٔ بسیار عظیم و گسترده و بسیار دشوار و با نهایت پیچیدگی است، به‌طوری‌که حتّی بزرگ‌ترین مجتهدین را با فهمیدن عبارت‌های آن امتحان می‌کنند و بلکه آن مجتهدین هم پشت رموز و اشارات این رساله می‌مانند. ازاین‌رو دو مجتهد متأخّر، یکی شیخ ما *امام اعظم*[18] و دیگری بزرگوارترین و گرامی‌ترین *سیّد*[19] و سرورمان و مراجع جلیل‌القدر مردمان این روزگار، که خداوند اجر و پاداششان را در آغاز و انجام کار بیشتر و بیشتر بگرداند، آن را مورد توجّه قرار داده و حواشی مهمّ و ارزشمند و فتاوی قوی و استوار بر آن نوشتند و من گمان می‌کنم که این رساله از متون صریحی باشد که متون قدیم را نسخ کرده و این رساله برای همیشه باقی مانده و در دل‌های اهل فضیلت تا ظهور امام زمان رسوخ و ریشه می‌یابد، زیرا در آن حیات ابدی برای امّت برحقّ تا هروقت که پیام اسلام، والا و فائق، و سنّت دادگرانه پابرجاست، نهفته است؛ و بدین‌گونه این رساله در ترازوی اعمال، مرکّب علما را بر خون شهیدان برتری داده است، چرا که شهیدان به‌طور عینی نزد پروردگارشان زنده‌اند، ولی علما به برکت مرکّب خود برانگیزاننده برای احیای گروهی از مردمان هستند تا از شریعت پیروی کنند.

به‌طورکلّی این رسالهٔ شریفه با حواشی اضافه‌شده، همچون گوهری ناب بوده که هیچ‌یک از مشاهیر اقدام به شرح آن با چیدن استدلال‌ها آن‌گونه که شایستهٔ عظمت شأن و مقام و وزن و اعتبار آن باشد نکرده‌اند؛ تا اینکه جناب *دایی این‌جانب و پسرعموی پدرم*[20]، سرور و تکیه‌گاه و پیشوای بزرگوار، قاطع و نیرومند، دلیر و بردبار، علّامهٔ علما، وفهمیده‌ترین فقیهان، صدرنشین تحقیق و پرچمدار تدقیق، آسمان دانش و پرتو آن، روشنایی شکوه و افتخار و درخشش آن، خورشید کمال و ماه تابان آن، گلستان زیبایی و شکوفهٔ آن، دریای

---

۱۸ – شاید منظور شیخ‌محمّدحسن نجفی صاحب جواهر باشد (یادداشت بر نسخهٔ فارسی).

۱۹ – شاید منظورسیّدابوالحسن اصفهانی باشد (یادداشت بر نسخهٔ فارسی).

۲۰ سیّدابوتراب خوانساری نجفی (۱۲۷۱– ۱۳۴۶ ه.ق)

به‌اشتباه تاریخ ذیل تصویر *سیّدابوتراب خوانساری نجفی*، در صفحهٔ ۳۵ کتاب پیشین ما: «*چهار نوشته دربارهٔ خوانسار*»، شوّال ۱۳۲۳ قمری، تاریخ عکس‌برداری، به‌جای تاریخ فوت درج شده است (یادداشت بر نسخهٔ فارسی).

فضلیت و ساحل آن، رود جاری فقه و فقاهت و مراحل آن، یگانه و بی‌همتای روزگار، ستون و تکیه‌گاه زمانه، سرچشمه و زادگاه فصاحت، منبع و مدخل بلاغت، فریادرس مذهب و امّت و مسلمانان و پناه دنیا و دین و حجّتی در این زمانهٔ اخیر، شیخ‌محمّدحسن، *صاحب جواهر*، کفیل یا سرشار دانش و اندیشه، با شجاعت برای انجام این امر مهم[21] برخاست با شیوهٔ خاص خود که سوابق و زنجیره‌اش به ارکان دین و امّت و حاملان کتاب و سنّت شرح‌یافته در اجازه‌نامه‌ها، و توسّط صاحبان درایت و آگاهی، و تألیفات زیادشان در انواع فراوان دانش‌ها می‌رسد. جناب اجازه یافته از ایشان، هم برادر تنی من و دو سال کوچک‌تر از من و از بزرگ‌ترین علمای عصر ما و فقهای روزگار ما بود، و آن که خدای رحمتش کند، در شب عاشورا درگذشت و تولّدش هم در شب عاشورا و مدّت عمر شریفش سی‌ویک سال بود، نوظهور و یگانه‌ترین این زمانه‌ها در دامان ادب و فهم که سال و تاریخ رحلتش در این مصرع[22] جمع شده است: «**داد جان در کوی جانان روز عاشورا حسین**». خلاصه اینکه جناب اجازهٔ اجتهاددهنده و اجازهٔ اجتهادگرفته در سلسلهٔ خاندان دانش و سرفرازی و همگی اهل عمل و معرفت بودند که در میان آنان گروهی از فقیهان باکمال و علمای باعمل، مانند *سیّدکبیر*، جدّ اعلای معروف در نزد آنان به «*میر*»، صاحب کتاب «*المنظومهٔ الخالیهٔ عن الألف المألوفهٔ*»[23] و فرزند گران‌قدر او، افتخار پژوهش‌گران *حاج سیّدمحمّدحسین*، صاحب تفسیر بر *شرح لمعه* و بعضی شرح‌ها بر دعاهای ارزشمند و دنباله‌ها و نوادگان آن دو هستند که افراد باکمال و دارای موقعیّت در درجات دانش‌ها و آگاهی‌ها می‌باشند، همانند سرور محقّق، صاحب کتاب «*الروضات*»، و برادرش که علّامهٔ مطلق و صاحب کتاب «*مبانی الآصول وآصول آل الرسول*» و *سیّدمهدی‌المهتدی*، صاحب «*الرسالهٔ فی تعیین أبی‌بصیر*»، از مشترکات علم رجال و علم درایه و سایر علمای اعلام مانند شارح *کتاب الدرّهٔ* که خداوند مقامش را عالی گرداند و ازجملهٔ آن‌هاست پدر بزرگوارم جناب سیّد عالی‌مقام، تکیه‌گاه جلیل‌القدر، دریای موّاج، منبع عقل و خرد سرشار، زاهد پرهیزکار و فرد مهربان، خاتم یا نگین مجتهدان، داناترین در میان علمای قدیم و حال، برخوردار از یاری و تأیید و هدایت خدا، مرحوم *آقاسیّدمحمّد*، فرزند سرور و تکیه‌گاه و فقیه ماهر *سیّدمحمّدصادق*[24] فرزند سرور و تکیه‌گاه، علّامه *سیّدمهدی*، صاحب *رسالهٔ ابی‌بصیر*،

---

۲۱ – شرح این *رسالهٔ نجاهٔ‌العباد*

۲۲ – به فارسی و به‌حساب ابجد = ۱۳۲۸ (ه.ق) = ۱۲۸۸ شمسی

۲۳ – منظومهٔ سه‌هزار بیتی، یا *منظومهٔ میمّیه*، خالی از همزه و الف. بنگرید به صفحهٔ نهم: ذیل زیرنویس ۳

۲۴ بنیانگذار «*عمارت میرمحمّدصادق*»: صفحهٔ ۵۳ همین کتاب.

که پیش از این ذکر شد؛ همگی امامان جمعه و جماعت بودند که با نظر و توجّه آنان، ارکان و ستون‌های شریعت و احکام دین در این ولایت‌ها استوار ماند. خداوند خیر و نیکی باقی‌مانده از آنان را فزون‌تر سازد و به آنان قدرت و نیروی تحمّل و پایداری در بارگاهش را عطا کند و خاک مزارشان را مقدّس سازد و آنان را در دنیا و آخرت دنباله‌روی اجداد پاکشان قرار دهد. امیدوارم با الطاف بی‌پایان آفریدگار، این خاندان بزرگوار از امانت‌داران وحی و قرآن خالی نماند و در آنان علمای اهل عمل را قرار دهد تا آن زمان که دنیا را با ظهور قائم به‌حقّ، خاتم اوصیاء، که خشنودی خدا را با خود دارند پر از عدل و برابری آشکار سازد. خدایا ظهورش را هرچه زودتر محقّق کن و با وجودش غبار شرک و خواری را از چهرهٔ اهل ایمان بزدای به‌حقّ او و به حرمت پدران معصومش آمین یا ربّ‌العالمین.

بزرگوارترین و سعادتمندترین آقا و مولا، سرور والامقام و سرفرازترین ما، معدن شکوه و بلندمرتبه‌گی، سرچشمهٔ فضیلت، عالم بزرگ و معتمد میرزا‌سیّد‌حسن، فرزند فقیه یگانه، کم‌نظیر دورانش و مبرّا ازهر عیب و نقصی، مولا و آقای ما، سیّد‌حسین خوانساری، که مرقد شریفش معطّر باد، به دستور مؤلّف پژوهش‌گر، که سایه‌اش مستدام باد، سعی و کوشش وافر و نهایت تلاش خود را برای بازنویسی و مقابلهٔ آن با نسخهٔ تصحیح‌شدهٔ اصلی به کار گرفت که خداوند تلاشش را موفّق کند و به او پاداش فراوان عطا فرماید و او را در مقابلهٔ کتاب با جناب عالم فاضل باکمال، نمونهٔ واعظان و نخبهٔ حدیث‌گویان، آقامیرزا‌محمّد‌علی، فرزند مرحوم حاج‌محمّد‌حسین، معروف به عطّار خوانساری یاری کند.

جناب علّامهٔ سرشار فهم و فضیلت و دریای بی‌کران خیر و دانش، گزیدهٔ چیره‌دستی و نیک‌خُلقی، نمونهٔ نیکان و نخبهٔ بزرگان و تاجران، آقامیرزا‌جمال، فرزند جناب عالم اهل عمل و کمال، بزرگ شخصیّت‌های والاقدر و صدرنشین، نمونه و اسوهٔ بزرگان و ارکان و تاج سر حجّاج و مردم، حاج‌شیخ‌محمّد‌حسین خوانساری اصفهانی چاپ آن را در دار الخلافهٔ تهران — که خدا این شهر را از گزند حوادث نگه دارد – برعهده گرفت. خداوند تلاش هر دو را موفّق کند و پاداش و جزای خیر فراوان به آن دو عطا فرماید. چاپ این کتاب در چاپخانهٔ استاد ماهر در چاپ، آقامیرزا‌علی‌اصغر تهرانی، مدیر چاپخانهٔ مروی انجام شد و در ماه ربیع‌الثانی سال ۱۳۳۲ از هجرت پیامبر، که هزاران درود و ستایش بر او باد به زیر چاپ رفت. از خوانندگان و استفاده‌کنندگان، یعنی مؤمنان و بندگان صالح و صاحبان علم و خرد می‌خواهیم که به‌طور خاص ما را با دعای خیر یاد کنند.

حواشی دست‌نوشته

حاشیهٔ بالا: گوشهٔ سمت چپ

آگهی

ازطرف مخزن صحیفه‌های الهی و مجمع کتاب‌های اسلامی، معروف به *کتابخانهٔ ایران*، که خداوند آن را از گزند حوادث نگه دارد، لازم است اعلام کنیم که هر کتاب یا رساله، مرتبط با مذهب شیعهٔ اثناعشری، چاپ‌شده، و نیز کتاب‌های موردقبول و چاپ‌شده در این عصر ما، نزد ما موجود است.

حواشی سمت راست: به‌ترتیب از بالا به پایین و از راست به چپ:

۱- *سند شیعه*، *محقّق نراقی* که خدا مقامش را عالی کند!

۲- فقها در اینجا از*علّامهٔ حلّی* (خدا مقامش را عالی کند!) یاد کرده اند.

۳- کتاب *«آیات الاحکام»*، مرحوم *شیخ‌احمد جزائری*

٤- کتاب *«منازل الاحکام»*، *شیخ‌رفیع‌الجادبی* که با حواشی مرحوم *بهبهانی* حاشیه‌نویسی شده است.

۵- کتاب *«جامع الشتات»*، *محّقق قمی*، که خدا درجه و مقامش را بالاتر ببرد!

۶- کتاب *«لوامع صاحبقرانی»*، جلد اوّل؛ شرح مفصّلی بر کتاب *«من لایحضره الفقیه»* به فارسی: از فصل طهارت تا فصل حجّ که شایستهٔ دیدن است و هرکس دنبالش باشد آن را پیدا می کند.

۷- کتاب *«المکاسب»* *شیخ‌مرتضی انصاری* با ملحقّات و حواشی علمای متأخّر، که خداوند مرقدشان را منورکند!

۸- کتاب *«الطهارهٔ»* که آن هم تألیف شیخ (*شیخ‌مرتضی انصاری*) است.

۹- کتاب *«جواهرالاحکام فی شرح شرایع‌الاسلام»*، تألیف مرحوم *شیخ‌محمّدحسن*.

۱۰- کتاب *«قواعد الاحکام»* مرحوم علّامه.

۱۱- کتاب *«قوانین‌الاصول»*

۱۲- کتاب *«روضهٔ البهیهٔ فی شرح اللمعهٔ الدمشقیهٔ»*

۱۳- شرح *نهج‌البلاغهٔ میرزامحمّدباقر لاهیجی*، معروف به نوّاب، به زبان فارسی.

۱٤- *تفسیر فیض*[۲۵] معروف به تفسیر*«الصافی»*، همراه با *«الأصفی»*[۲۶] که زیر چاپ می باشد.

در مجموع، کتاب‌های رایج و معمول درتفسیر قرآن، حدیث، فقه و اصول و مقدّمات آن، بی‌شمار موجود است، هر کس دنبال این کتاب‌ها باشد، آن‌ها را می‌یابد.

---

۲۵ – ملّامحسن فیض کاشانی

۲۶ – خلاصهٔ *«تفسیر الصافی»* فیض کاشانی

سیّدمحمّدحسن موسوی خوانساری *(نجفی‌زاده)* در پانزدهم دی‌ماه ۱۳۳۱ شمسی (هجدهم ربیع‌الثانی ۱۳۷۲قمری) درمی‌گذرد و در نزدیکی مقبرهٔ سیّدحسین می‌آرمد. سنگ قبر او با خطّی خوش و بسیار زیبا نگاشته شده است:

سیّدمحمّدحسن نجفی‌زاده (۱۲۹۴-۱۳۷۲ ه.ق)
متوفّی به‌تاریخ پانزدهم دی‌ماه ۱۳۳۱ شمسی، هجدهم ربیع‌الثانی ۱۳۷۲ قمری
Sayyid Muḥammad Ḥasan Nağafīzādih (1256 - 1331 Shamsi,1877- 1953 AD)

سنگ‌نوشتهٔ قبر سیّدمحمّدحسن نجفی‌زاده

Sayyid Muḥammad Ḥasan Nağafīzādih
Inscription on his Gravestone

هوالحیّ الّذی لایموت

هذالمضجع‌الشریف و المرقدالمنیف للعالم‌الجلیل و الفاضل‌النّبیل **محمّدحسن نجفی‌زاده** ابن سیّدالعلّامه آقامیرزاسیّدمحمّد المتوطّن باالغرّی ابن میرمحمّدصادق امام‌جمعه و الجماعه ابن مولانا سیّدمهدی‌الکبیر ابن‌سیّدحسن‌بن‌سیّدحسین‌بن‌سیّدابوالقاسم المدفون به قودج ان معروف به قبرآقا ابن حسین‌بن قاسم‌بن محب‌ّالله ابن‌مهدی‌بن‌زین‌العابدین‌بن‌ابراهیم‌بن‌کریم‌الدّین‌بن‌رکن‌الدّین‌بن‌سیّدزین‌الدّین‌بن‌سیّدصالح الشهیربالقصیر؛[۲۷]ابن:

سیّدمحمّدبن‌محمودبن‌سیّدحسین‌بن‌حسن‌بن‌احمدبن‌ابراهیم‌بن‌سیّدالمجاهدعیسی‌بن‌حسن بن‌حسین‌بن‌یحیی‌بن ابراهیم‌بن‌حسن‌بن‌عبدالله‌ابن‌الامام الهمام مولانا **موسی‌بن‌جعفر علیهماالسّلام** و کان وفاته فی یوم الثامن‌عشر من ربیع‌الثانی ۱۳۷۲[۲۸]

[۲۷] چنانچه در اینجا هم دیده می‌شود، *سیّدابوالقاسم‌جعفر* هم از فرزندان *سیّدصالح‌الشهیر باالقصیر* است.

[28] کتابت و حجّاری *آقامیرزااحمد کتابچی*. یادآوری می‌شود که زیباترین نگاشته‌ها در این قبرستان از آثار او و *آقامیرزاحسین کتابچی* Āqā Mīrzā Ḥusayn Kitābčī، دو هنرمند بزرگ خوانسار است. *آقامیرزاحسین* مردی کهن‌سال است که قادر به کار در حرفهٔ خود نیست و در *بازار دوراه* اقامت دارد.(اشاره به سال ۱۳۹۱ شمسی است).

سنگ قبر سیّدمحمّدحسن نجفی‌زاده (تصویر دست چپ نیمهٔ بالای آن و دست راست نیمهٔ پایین آن است)

Photo Courtesy of Dr. M. Kamrani, 2017

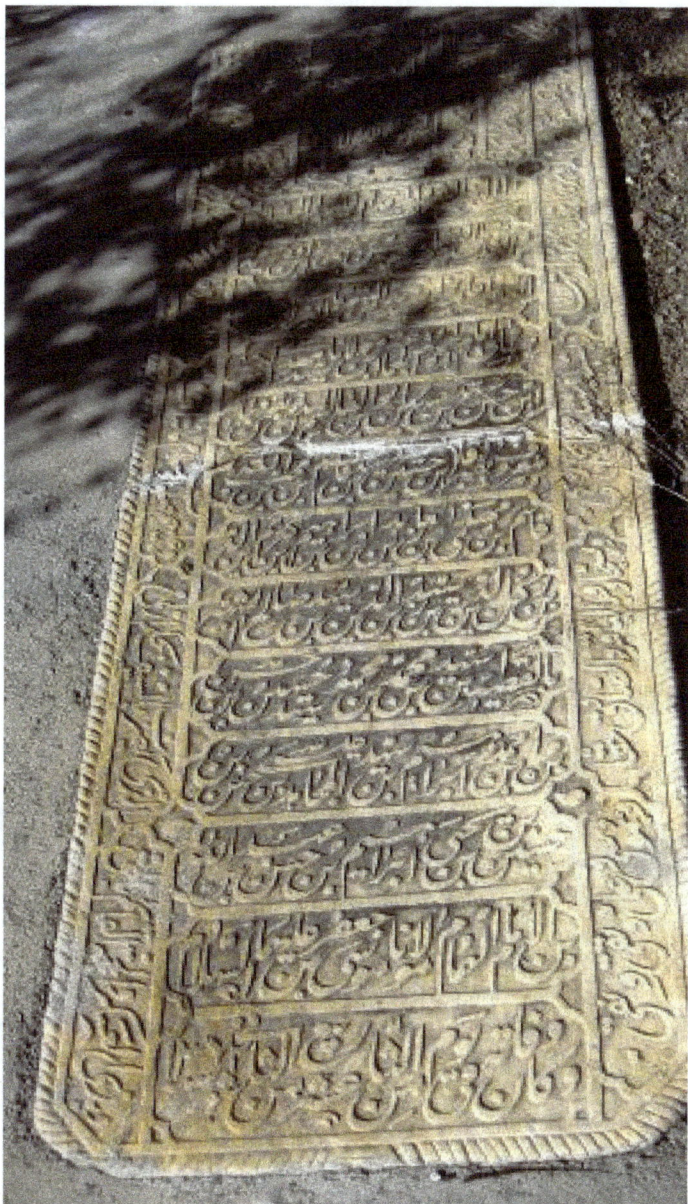

سنگ‌نوشتهٔ سیّدمحمّدحسن نجفی‌زاده در نمای سراسری (شکستگی در میانهٔ سنگ دیده می‌شود)

از زندگی *سیّدمحمّدحسن نجفی‌زاده*، در کسوت عالمی بزرگ و مورد تکریم که دارای اجازهٔ اجتهاد و روایت از *سیّدابوتراب خوانساری نجفی* و از دیگر علما بزرگ است، برخی اشخاص کهن‌سال مطالب زیادی هنوز به‌خاطر دارند، و برخی نیز صحنه‌هایی را که خود شاهد بوده‌اند، ترسیم می‌کنند که بیشتر به خرق عادت و کشف و کرامات می‌ماند، و ما از ذکر آن‌ها خودداری می‌کنیم. به‌همین اندازه بسنده می‌کنیم که او در مقام روحانی‌ای متعبّد، زمین‌های زراعی بسیاری در *منطقهٔ فریدن*، از جمله در روستای *نهرخلج*، منطقهٔ زمین‌های پایین‌دست *قنات گنجیله*، و حصور، و به‌ویژه در شهر خوانسار، در محلّهٔ *چشمه‌آخوند*، باغی بزرگ و امروزه معروف به *باغ آقای نجفی*، مشرف به خیابان اصلی شهر و با اندکی فاصله به سمت شمال در کنار پمپ بنزین کنونی، در اختیار داشت که عواید آنها را ذیل *موقوفات سّیدمحمّدحسن نجفی زاده* منحصراً به مصرف روضه و تعزیه (= نذری) در دههٔ اوّل محرّم هرسال می‌رساند. ترتیب آن، برگزاری روضه در مسجد رئیسان به مدّت ده‌روز، و تعزیه، به‌مدّت ده‌شب در منزل خود، یعنی در *عمارت میرمحمّدصادق* بود.

باغ آقای نجفی در *چشمه‌آخوند* (امتداد جنوب – شمال بعد از پمپ‌بنزین)

این مراسم در زمان حیاتش تا سال ۱۳۳۱ بدون وقفه و با اندکی تغییر در محلّ برگزاری تعزیه، در *بنای غربی عمارت میرمحمّدصادق* تا سال ۱۳۳۷ کاملاً رعایت می‌شد.

عمارت میرمحمّدصادق سبب می‌شود تا *مقبرهٔ سیّدحسین* بار دیگر مرکز توجّه قرارگیرد، به‌ویژه آنکه *بازاربالا* هم در کنار آن است. این بازار در سال‌های۱۳۷۰ شمسی دستخوش تغییراتی می‌شود و مقبرهٔ *سیّدحسین‌ابن‌ابوالقاسم‌جعفر* هم در پی آن ازنو و به شیوهٔ امروزی بنا می‌شود.[۲۹]

---

[۲۹] همچنین در نظر داشیم مداخلی جداگانه به «سیّدمحمّدحسین نجفی‌زاده» و «سیّدمحمّدصادق نجفی‌زاده» اختصاص دهیم، آماده نبودن مستندات ما را عجالتاً از این کار بازداشت.

آرامگاه امروزی سیّدحسین (متوفّی به سال ۱۱۹۱ قمری) در ابتدای *بازاربالا* در محلّ پیشین

Reconstructed Shrine of Sayyid Ḥusayn b. Abū'l-Qāsim Ğaʿfar (died 1191 AH)
Photo Courtesy of Najafizadeh.org

۳

عمارت میرمحمّدصادق

Khānsār -Ḫwānsār –'Imārat-i Mīr Muḥammad Ṣādiq, 1254 AH = 1838 AD

عمارت میرمحمّدصادق (۱۲۵۴ قمری = ۱۲۱۷ شمسی)

نیمهٔ سمت چپ

Khānsār -Ḫwānsār –'Imārat-i Mīr Muḥammad Ṣādiq, 1254 AH = 1838 AD (left wing)
Photo Courtesy of Najafizadeh.org (Agha Mohammad Mansouri Copyright holder, circa 1996)

۳

عمارت میرمحمّدصادق

میرمحمّدصادق که در سال ۱۲۰۸ قمری (۱۱۷۳شمسی) در خوانسار به دنیا آمده، از فرزندان *سیّدمهدی‌کبیر* صاحب *رسالهٔ ابوبصیر* است. او خود نیز در همین‌شهر در سال ۱۱۸۲ قمری زاییده شده، و از شاگردان *میرزای‌قمی* است و در *علم رجال*، *فقه*، *اصول* و حدیث از افاضل علمای عصر خویش. *سیّدمهدی* درسال ۱۲۴۶ قمری در کربلا در می‌گذرد و در مقبرهٔ *سیّدمحمّدمجاهد* در کنار پدرانش می‌آرمد. *سیّدمهدی* خود فرزند *آقاسیّدحسن* است (زادهٔ ۱۱۳۸ ه.ق در خوانسار) که از علمای بزرگ و از فرزندان *آقاسیّدحسین* است (درگذشته در ۱۱۹۹ ه.ق در خوانسار). پدر *سیّدحسین*، *میرسیّدابوالقاسم‌جعفر* (درگذشته در ۱۱۵۷ ه.ق در خوانسار) است (سرسلسلهٔ خاندان موسوی خوانساری).

میرمحمّدصادق که در سال‌های ۱۲۵۰ قمری و پس از آن، به‌مانند پدران خود، امام‌جمعه و جماعات خوانسار است و مورد مشورت حاکم قجر، اندکی پیش از درگذشت پدر تصمیم به بنای *عمارتی* درخور شئون خود می‌گیرد. او معماران و استادکارانی را به‌کار می‌گیرد که خود یا پدرانشان در ساخت و گسترش *مسجد چهارراه* خوانسار در سال ۱۱۳۴ قمری دخیل بوده‌اند، و *میرمحمّدصادق* خود در آن نماز می‌خواند. در جای‌جای مسجد، که از آن پس *مسجد جامع* نامیده می‌شود، این استادکاران نام خود را یادداشت کرده‌اند، ازجمله: *استاد سیّدرضااصفهانی*، که گویند سنگ در دستانش همچون موم نرم بوده و یا فرزندش، *استاد فرهاد* و برخی دیگر از نوادگانش. او خیلی زود در می‌یابد که نه با معماران و نه خصوصاً با مصالح بومی می‌تواند کاری از پیش ببرد. شاید دلیل آن این باشد که او اصفهان را به‌خوبی می‌شناسد. نقل‌های فراوانی هست که *میرسیّدابوالقاسم‌جعفر* را زاییده اصفهان می‌داند که تنها به سبب بروز فتنهٔ افغان در زمان حکومت *حسین صفوی* از آن شهر از بیراهه به اطراف خوانسار گریخته است.[۳۰] استادکاران در آغاز باید زمینی را بیابند که از گزند سیل[۳۱] مصون باشد و آن نقطه جایی جز جنوب‌شرقی نبوده و نیست؛ ثانیاً باید جهت قبله به سبک عمارت‌های صفوی، ازجمله مساجد، کاملاً در آن رعایت شود. پس آن تیزهوشان، زمینی

---

[۳۰] *روضاتی، سیّداحمد*. *مناهج المعارف*. تهران: ۱۳۵۱؛ اختلاف‌آرا برسر اینکه میرکبیر زادهٔ خوانسار باشد، همچنان وجود دارد. برخی در سال‌های اخیر، ازجمله *سیّداحمد روضاتی*، که خود از *نوادگان میرکبیر* است، او را از اصل اصفهانی می‌دانند که به سبب بروز *حملهٔ افغان* به خوانسار گریخته است.

[۳۱] دو سیل ویرانگر چهل‌سال اخیر که از ارتفاعات غربی شهر، که *دنباله‌های زاگرس* با قلّهٔ *سیل (سول)* به ارتفاع تقریبی ۳۵۷۵ متر است، سرازیرشده، مؤیّد نظر معماران و استادکاران است.

بیش از ده‌هزار مترمربّع را می‌یابند که ازقضا با مقبرهٔ سیّدحسین فاصله‌ای اندک دارد. بی‌توجّه به زواید زمین، مستطیلی تمام‌عیار به مساحت تقریبی پنج‌هزار مترمربّع را بر می‌گزینند که بنای فرضی از نگاه واردشونده، بدون اعوجاج درست در پیش روی او باشد؛ و این همان فنّی است که معماران چیره‌دست صفوی در بنای مسجدشاه اصفهان به‌کار می‌گیرند، تا با عبوردادن نمازگزار از راهروهای چشم‌نواز، او را در جهت قبله به‌آرامی هدایت کنند، بی‌آنکه او به مقصود سازنده ظنّی ببرد. میرمحمّدصادق اکنون به ساخت عمارت می‌اندیشد، و بنای کامل مجموعه را اندکی با تأخیر آغاز می‌کند. از آن پس لفظ عمارت تنها به خانهٔ اختصاصی او اطلاق می‌شود و آن را، در این نوشته، دایرهٔ اوّل، و سایر بناها را، که باید در پیرامون عمارت احداث شود، جانبی، یا بناهای دایرهٔ دوم و دایرهٔ سوم می‌نامیم. به‌این‌ترتیب مجموعهٔ بناها متشکّل از عمارت میرمحمّدصادق، بناهای دایرهٔ دوم و بناهای دایرهٔ سوم است:

نمای کلّی عمارت میرمحمّدصادق در سال ۱۳۹۱ شمسی (پس از تخریب بناهای غربی، شمال‌شرقی، و شرقی)

۱ – دایرهٔ دوم

دایرهٔ دوم مشتمل بر چندین بناست: بنای جنوب‌شرقی، بنای شمال‌شرقی، بنای شمالی، بنای غربی، بنای شرقی و بنای جنوبی که به‌اختصار بیان می‌شود:

الف: بنای جنوبی

باغی را می‌ماند که سنگ‌چین‌های زیبا و چشم‌نوازی دارد و شاید ملهم از باغ‌های ایرانی باشد که این بار بدون دیوار و حصار ساخته شده. درخت‌های گردویش در سال‌های ۱۳۳۵ شمسی و پس از آن بلند و گاهی مهیب به‌نظر می‌رسد و تعداد آن‌ها بیش از ده اصله است.

یکی از آن‌ها نمونه‌ای کم‌نظیر است که در همان سال‌ها دورتنه‌ای بیش از چهارمتر دارد: صاف و مستقیم و به‌بلندی بیش از ده‌متر؛ استوانه‌ای کامل که سرشاخه‌های آن چتری وسیع گسترانده که به‌تنهایی می‌تواند بخشی از ضلع جنوبی را در سایه فرو برد. درخت‌های میوه نیز با پرچینی ساده از آن‌ها جدا می‌شود. دو *حمّام*،[۳۲] یکی کوچک و اختصاصاً مردانه و یکی مردانه و زنانه به‌تناوب روز، در فاصلهٔ اندکی از *عمارت* احداث شده است. *حمّام‌ها* در عمق زمین جای دارد به‌گونه‌ای‌که از سطح تراز *عمارت* پایین‌تر است و تنها ورودی آن‌ها با چند پلّهٔ سنگی برای عابرین مشهود. در سال‌های ۱۳۳۵ و پس از آن، بنای آن دو *حمّام* زیباست: طاق‌ها و رواق‌های چشم‌نواز و نورگیرهایی با اشکال منتظم، سنگ‌فرش‌های مجلّل، سربینه‌ای رنگ‌آمیزی‌شده، پاشوخانه‌ای در سمت راست درِ داخلی، ستون‌های سنگی یکپارچهٔ عظیم به شکل شش‌وجهی‌های منتظم صیقل‌داده‌شده و خوش‌تراش؛ و سرانجام در شمال باغ، در دولنگه‌ای مرتفع که در پشت آن هشتی‌ای پنهان است و در اطرافش چند بنای ساده که برای استراحت موقّت اسب‌ها در نظر گرفته شده. جوزستان ما اینک به‌خوبی می‌تواند هم زینت‌بخش جنوب *عمارت* باشد و مهم‌تر از آن، رازهای آن را هم به‌خوبی از چشم اغیار پنهان کند.

ب: بنای غربی

چند اتاق که با اندکی تقریب در تراز بلندای طبقهٔ دوم *عمارت* است با چشم‌اندازی بر باغچه‌ای درخت‌کاری‌شده که اطرافش را صنوبرهایی در چندین ردیف پوشانده و حدّ دیوار غربی آن همان پیرامون *دایرهٔ دوم* است که با یک در ورودی به کوچهٔ عمومی غربی می‌رسد و با در دیگری به بنای جنوبی، و سرانجام پس از گذر از چندین در و باربند خود را به *عمارت* می‌رساند. از داخل اتاق‌های بالا نیز با پلکانی که چندین در آن را پوشش می‌دهد دسترسی به *عمارت* ممکن است و با گذر از فضایی کم‌نور ناگهان خود را به

---

[۳۲] دربارهٔ این دو *حمّام*، این روایت، هم شنیدنی است و هم عبرت‌برانگیز: «*سیّدان* به مردمان دیگر *عام* می‌گفتند و زبان خوانساری را *زبان عام* می‌گفتند و به آن سخن نمی‌گفتند. در میانهٔ *محلّهٔ رئیسان* گرمابه‌ای بود به نام *حمّام رئیسان* که ویژهٔ *سیّدان* بود، هرچند بعدها *عوام* نیز اجازه یافتند از آن استفاده کنند. این گرمابه شصت‌سال پیش متروکه شد؛ همان زمان که ساکنان کوی یک‌به‌یک از شهر رفتند، جز اندکی. چندسالی گرمابه متروکه بود و پشت‌بام آن زمین بازی کودکی ما و داستان‌هایی از اجنّه‌ای که در آن بودند، تا در سال‌های پایانی دههٔ چهل زمین را به فرهنگ هدیه دادند و مدرسه‌ای در آنجا ساخته شد، که اکنون ساختمان آن بی‌استفاده برجا مانده. امّا از زمانی که *عوام* نیز توانستند از گرمابه استفاده کنند، صحن گرمابه دو بخش شد: بخش بالایی با پوشش سنگ مرمر سپیدی ویژهٔ *سیّدان* بود و *عوام* نباید به آنجا می‌رفتند، تا کم‌کم این انحصار شکسته شد. زنده‌یاد *محمّدعلی فروزش* که دوستی نزدیکی با *بزرگان کوی* داشت به‌رسم شوخی شعر زیر را برای آن گرمابه و سنگ سپید آن سروده بود، که نام مالک و گردانندهٔ آن هم *افتخار* بود: *گرمابهٔ رئیسان از آن افتخار است – از آن جهت همیشه، مملو از بخار است * سنگ سپید بی‌لک – در صحن آن شده تک * برروی آن شده حک – منزلگه کبار است * گر برغلط یکی عام – روزی رود به حمّام * بر آن حجر نهد گام – روزش سیاه و تار است * سادات این محلّه – با یک سر و دو کلّه * بر سنگ پای پلّه – پیوسته‌شان قرار است.* (به‌نقل از *آقای رضا فروزش*، خوانساری صاحب‌ذوق و خوانساردوست (۱۳۹۵ شمسی)؛ زنده‌یاد *محمّدعلی فروزش* هم از اهالی همان محلّه بوده، مردی ادیب با طبعی روان.

گوشوارهٔ ضلع غربی *عمارت* می‌رساند که بی‌اختیار بیننده را مجذوب زیبایی خود می‌کند. اتاق‌های این بنا بی‌تردید متأخّر بر *عمارت* است. از گچبری‌های استادانه چیز زیادی وجود ندارد، امّا دولابچه‌های رنگ‌آمیزی‌شده و طاقچه‌های متعدّد آن نشان از رعایت سبک کلّی *عمارت* دارد؛ نقّاشی‌های دل‌انگیز بر روی تیرهای سقف و قاب‌های آن،که زراندود هم نیست، با خوشنویسی‌های فراوان آیات قرآنی و اشعاری در وصف بنا در کنار گل‌ومرغ‌های منقوش. دو تصویر با فاصلهٔ سه قاب از یکدیگر در عرض اتاق و با فاصلهٔ چندقاب به‌قرینه، تصاویری از دو زن که نمی‌توانند کسانی کمتر از زنان حکّام قجر باشند. *آیت‌الکرسی* هم قاب‌های وسط را مزیّن کرده که با خطّی زیبا نگاشته شده؛ اشعاری در کنار تصاویر گل‌ومرغ که یقیناً به تاریخ بنا اشاره دارد و سوره‌های آخر قرآن که با خطّی خوش نوشته شده است. و به‌همین منوال اتاق دیگر که با یک *مهتابی* به اولّی متصل می‌شود. زیبایی آن دو سقف و حضور مادر بزرگی که بسیاری از سوره‌های قرآن را ازبر می‌خواند سبب می‌شود تا آن کودک خردسال در دههٔ سی بسیاری از آن نوشته‌ها را پیش از رفتن به مدرسه بیاموزد، امّا اکنون همان‌ها را باتقریب و پراکنده به خاطر می‌آورد، هرچند معنای آن‌ها را بازهم به‌درستی نمی‌داند:

سرچشمه‌اش نمونه‌ای است از سلسبیل و کوثر ...

اللّهُ لَا إِلَهَ إِلَّا هُوَ الْحَیُّ الْقَیُّومُ لَا تَأْخُذُهُ سِنَةٌ وَلَا نَوْمٌ لَّهُ مَا فِی السَّمَاوَاتِ وَمَا فِی الْأَرْضِ مَن ذَا الَّذِی یَشْفَعُ عِنْدَهُ إِلَّا بِإِذْنِهِ یَعْلَمُ مَا بَیْنَ أَیْدِیهِمْ وَمَا خَلْفَهُمْ وَلَا یُحِیطُونَ بِشَیْءٍ مِّنْ عِلْمِهِ إِلَّا بِمَا شَاءَ وَسِعَ کُرْسِیُّهُ السَّمَاوَاتِ وَالْأَرْضَ وَلَا یَئُودُهُ حِفْظُهُمَا وَهُوَ الْعَلِیُّ الْعَظِیمُ لَا إِکْرَاهَ فِی الدِّینِ قَد تَّبَیَّنَ الرُّشْدُ مِنَ الْغَیِّ فَمَنْ یَکْفُرْ بِالطَّاغُوتِ وَیُؤْمِن بِاللّهِ فَقَدِ اسْتَمْسَکَ بِالْعُرْوَةِ الْوُثْقَىَ لَا انفِصَامَ لَهَا وَاللّهُ سَمِیعٌ عَلِیمٌ اللّهُ وَلِیُّ الَّذِینَ آمَنُوا یُخْرِجُهُم مِّنَ الظُّلُمَاتِ إِلَى النُّورِ وَالَّذِینَ کَفَرُوا أَوْلِیَاؤُهُمُ الطَّاغُوتُ یُخْرِجُونَهُم مِّنَ النُّورِ إِلَى الظُّلُمَاتِ أُولَئِکَ أَصْحَابُ النَّارِ هُمْ فِیهَا خَالِدُونَ[۳۳] (در اتاق مشرف به گوشواره)

*بلغ‌العلی به کماله * کشف الدّجی به جماله ... فصاحت سبحان و خطّ ابن‌مقلتی * لواجتمعت فی المرء والمرء مفلسی * فلیس قدر به مقدار درهمی* (در اتاق دیگر مشرف به مهتابی)

---

[۳۳] به‌اقتباس از *تنزیل ۲:۲۵۵ تا ۲:۲۵۷*

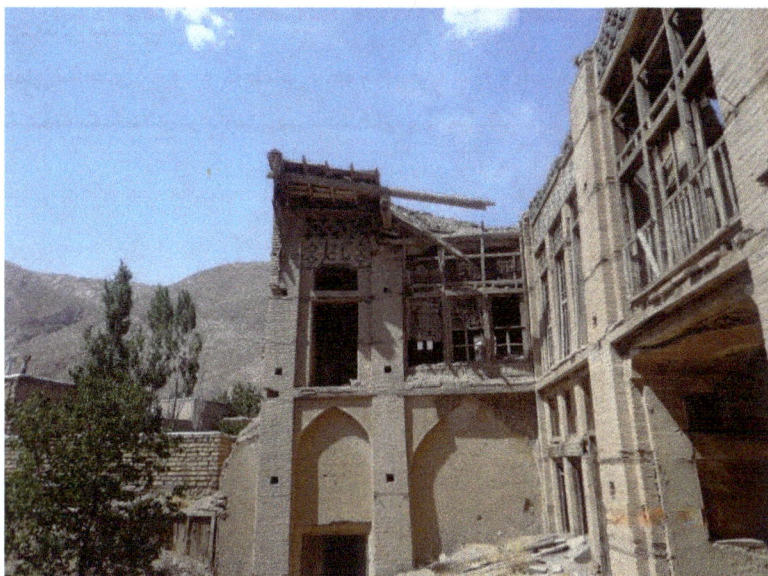

نمای سمت چپ عمارت میرمحمّدصادق که امتداد آن به بناهای ضلع غربی می‌رسد؛ یاعلی هم هنوز به‌خوبی دیده می‌شود (روبه‌رو)

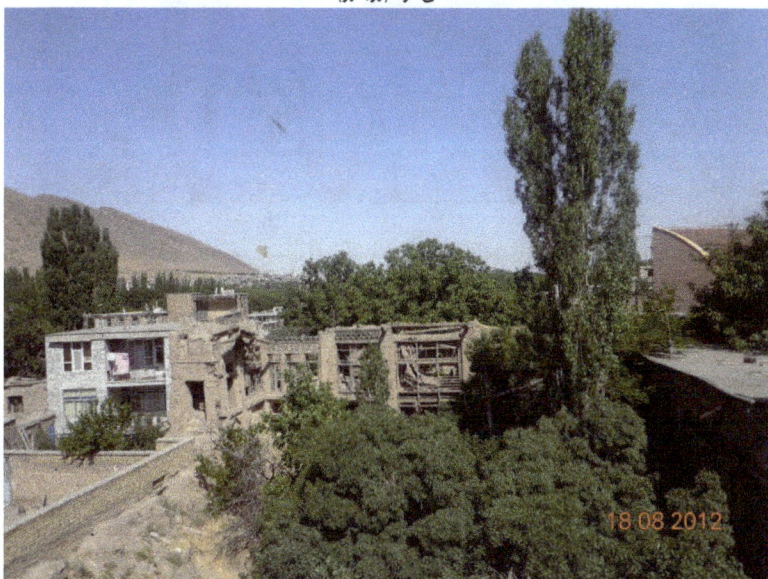

بناهای ضلع غربی در این تصویر، همان زمین بی‌حاصل سمت چپ است.

ج: بنای شمالی

همان مسجدی است که ساختمانی ساده و بی‌پیرایه دارد و بنای آن در سال ۱۳۱۰ قمری به همّت سیّد*اسدالله*، از *فرزندان میرمحمّدصادق*، تکمیل می‌شود.[۳۴]

محراب مسجد رئیسان (عمل استادمحمّدحسین طهرانی، ۱۳۱۰ قمری)
Photo Courtesy of Mrs. Mahnaz Azimi, 2017

[۳۴] به‌اهتمام آقای *مرتضی مهدوی* – از *احفاد میرکبیر* – که نماز را هم در آن مسجد برپا می‌دارد، تاریخ تکمیل بنا قرائت شد.

مسجد *رئیسان* از بناهای *عمارت میرمحمّدصادق* که پهلوبه‌پهلوی *عمارت* است و سال‌ها پس از بنای *عمارت* در ۱۲۵۴ قمری، در ۱۳۱۰ تکمیل شده است.
بناهای ضلع غربی همان است که اکنون در پشت مسجد به‌جای آن‌ها دیده می‌شود.
Ra'iss**ā**n Mosque (1254 AH), Construction Completed in 1311 AH; Courtesy of Najafizadeh.org (Copyright owner)

در مقابل در ورودی در سال‌های ۱۳۳۵ شمسی و پس از آن حوضی وجود دارد که از جوی آبی پرآب می‌شود که از شرق *دایرهٔ دوم* منشعب می‌شود و به سمت جنوب‌غربی امتداد دارد. در سمت راست در، یک صحن و در سمت چپ نیز بر روی سکویی صحن دیگری است. سه در کشویی رنگ‌آمیزی‌شده نیز وجود دارد که کار دولاب را می‌کند و در یکی از آن‌ها همیشه تابوتی حاضربه‌کار قرار دارد. صحن دست چپ با پلّکانی سنگی بالا می‌رود و منبری ساده مشرف به آن است و دو رواق هم در سمت راست و چپ ورودی. زیرزمین هم تاریک و ترسناک است. هیچ کس نمی‌تواند ظنّ ببرد که دیوار شرقی مسجد مشرف به *عمارت* باشد. از گلدسته و گنبد هم هیچ‌نشانه‌ای وجود ندارد. این معماری باید هدفی دیگر هم در سر داشته باشد. در آن سال‌های ۱۳۳۵ و پس از آن هنوز یکی از *نوادگان میرمحمّدصادق* به‌رسم معهود در *دههٔ اول محرّم* مجلس روضه‌خوانی در عزای حسین (سلام‌الله) برپا می‌کند که در آن ظروف زیبای کنده‌کاری‌شدهٔ روضه و تعزیه، ازجمله سماوری بزرگ با کنده‌کاری‌ها و نوشته‌های زیبا و مجمعه‌های مسی کنده‌کاری‌شده و

قلیان‌ها و سرقلیان‌های رنگی پس از یک سال انتظار دو باره پدیدار می‌شود.[۳۵] سه‌شب متوالی هم در بنای غربی[۳۶] نذری می‌دهند که به آن تعزیه می‌گویند و منحصراً آبگوشت است که بر روی سفره‌های قلمکار و فرش خانه در آن کاسه‌بشقاب‌های مسی صرف می‌شود، که بر پشت همهٔ آن‌ها *وقف ۵۳*[۳۷] حک شده است. هر دو مراسم فرصتی کم‌نظیر است تا ساکنین *دایرهٔ سوم* را یکجا ببینید که با جدیّت خدمت می‌کنند.

د: بنای شمال‌شرقی[۳۸]

بنای شمال‌شرقی بسیار ساده و متشکل از اتاقی است بر روی کرسی‌ای و اتاق دیگری در طبقهٔ بالا. یک هشتی مشرف به در ورودی بنا و یک اتاق سادهٔ دیگر بر بالای آن. حیاطی

---

[۳۵] مجموعهٔ ظروف و وسائل مربوطه در سال‌های ۱۳۸۰ شمسی دفعتاً ناپدید شد.

[۳۶] پیش از این سال‌ها، این مراسم در داخل *عمارت* و در منزل *سیّدمحمّدحسن* برگزار می‌شد.

[۳۷] *وقف ۵۳ = وقف احمد*

[۳۸] دوست بسیار عزیزی، که حالا کهن‌سالی‌اش را در گوشه‌ای خلوت می‌گذراند، خاطره‌ای برایم از آن بنا به این مضمون نقل کرد:

«سال ۱۳۲۷ دانش‌آموز سوم متوسّطه بودم که ازقضا کلاس درسش در این خانه تشکیل می‌شد؛ در اتاقی وسیع که با یکی دو پلّه حیاط را می‌دید، که یک دیوارش به مسجد رئیسان می‌خورد. محوطّه‌ای مستطیل شکل هم در امتداد حیاط بود که شاید برف‌انداز «عمارت» بود. حوضی کوچک در وسط حیاط داشت، مستراحی در گوشهٔ سمت راست، با «لوله‌هنگی» سفالی و سنگین که انتظار «مشتری» را می‌کشید. هشتی نسبتاً آبرومندی حیاط را به در وردی سنگین خانه با کلونی آماده‌به‌کار وصل می‌کرد، که راه‌پلّهٔ سمت چپ آن به طبقهٔ بالا می‌رسید. مردی آنجا زندگی می‌کرد، که نه مزاحمتی برای کسی درست می‌کرد و نه در پی گفت‌وگو با کسی بود. می‌گفتند چندان حال روحی خوبی ندارد، بیشتر خواهان تنهایی است، و گویا در سال‌های پیش از ۱۳۲۰، آدم ثروتمند و خوش‌گذرانی بوده، که زنی او را «چیزخور» کرده بود.

ادارهٔ فرهنگ در آن سال تصمیم گرفت تا امتحان نهایی ششم ابتدایی خردادماه را در این حیاط برگزار کند. ممتحنی می‌آمد و باصدای بلند سؤالات را می‌خواند. کسانی که شاید از مردودی هراس داشتند، دوستانشان را – و ازجمله من را – روی پشت‌بام مسجد فرستادند که ازقضا صدای ممتحن به‌خوبی در آنجا به گوش می‌رسید. این «گروه امداد» جواب سؤال‌ها را به‌سرعت روی کاغذ می‌نوشت، آن را به سنگی می‌پیچید و به سمت دوستی نیک‌بخت پرتاب می‌کرد، تا آن را بردارد. کار این دوستان چندین بار عالی بود، تا اینکه ممتحنین به ماجرا پی‌بردند، و سؤال‌ها را بار دیگر نوشته‌شده دادند. کلاس ششمی‌ها، که اصلاً بنا نداشتند از این فکر ناب دست بردارند، این بار سؤال را به‌عکس برای «گروه امداد» روی پشت‌بام می‌فرستادند. کار به جایی کشید که عاقبت در مسجد را در روزهای امتحان کلون کردند، و به آن ماجرای «معاضدت بی‌ریا» ...جوانمردانه، خاتمه دادند.

بعدها آن مدرسه به جای دیگری نقل مکان کرد، چون در آن سال‌ها فقط تا سوم متوسّطه کلاس درس در خوانسار وجود داشت. برای ادامهٔ تحصیل باید به اصفهان یا شهر دیگری می‌رفتیم. کاری که من و خیلی دیگر از بچه‌ها کردیم. ازقضا خود من، اوّل از اصفهان و بعد از ملایر سر درآوردم.» نقل به‌مضمون از دوست عزیزی که نخواست نامش را بیاورم.

کوچک و بازهم محوّطه‌ای که هم به دیوار مسجد پهلو زده است و هم برف‌انداز به‌حساب می‌آید؛ جایی که باید برف‌های سنگین زمستان خوانسار را در خود جای دهد،که از پشت‌بام *عمارت*، آن فضای بسیار وسیع که تنها اجازهٔ برف‌روبی در یک جهت را می‌دهد، به‌زمین ریخته می‌شود. دالانی بسیار طولانی و تاریک و ترسناک با رواق‌هایی در دو طرف و دو در بسیار قطور آن را بازهم به *عمارت* متّصل می‌کند. این بنا را بیرونی می‌گویند و برای ملاقات با میهمانانی است که ممکن است دقایقی یا ساعتی با *اهل عمارت* کاری داشته باشند، که بی‌آنکه اجازه یابند به *عمارت* وارد شوند یا از محلّ آن به‌درستی تصوّری بیابند، ضمن پذیرایی‌شدن هم منتظر می‌مانند. همین اصل در سایر بناهای *دایرهٔ دوم* جاری است. اساساً این بنا و سایر بناهای *دایرهٔ دوم* به‌جز بنای غربی همه از سقف‌هایی با تیرهای چوبی بدون رنگ‌وروغن و به سبک خانه‌های ساده ساخته شده، هرچند گچبری‌هایی ابتدایی نیز دارد.این نظر با مشاهدات امروزی ما از بنای جنوب‌شرقی با اندکی تقریب مطابقت دارد.

بناهای شمال‌شرقی

۵: بنای جنوب‌شرقی

بنایی ساده با حیاطی کوچک است که حوضی در وسط آن قرار دارد. بنا در برخی از اضلاع هم در دو طبقه است. سقف‌ها هم با تیرهای چوبی زمخت و تخته بدون رنگ‌آمیزی پوشیده

شده است. راه‌پلّه‌ای خود را به طبقهٔ بالا می‌رساند که اتاق‌هایش ساده است و گاه اندک تزیینی دارد. اتاقی که در گوشهٔ شمالی واقع شده و پنجره‌ای به *عمارت* دارد، تیرها و قاب‌های رنگ‌آمیزی و نقّاشی‌شده دارد، که نه زراندود است و نه در تراز *عمارت*.[۳۹] بخاری و سربخاری هم با اندکی گچ‌بری آراسته شده و برخی سوره‌های کوتاه قرآنی هم بر روی سقف نوشته شده است. میزبان ساکن در *عمارت* می‌تواند با عبور از راه‌پلّه‌ای، که در جنوب‌شرقی قرار دارد، خود را به مهمان برساند، هرچند میزبان می‌تواند حتّی از بنای شرقی خود را به بنای جنوب‌شرقی برساند.

ورودی به بنای جنوب شرقی

و: بنای شرقی

متشکل از دو اتاق بزرگ ویک *گوشواره* است، که پنجره‌هایش مشرف به *عمارت* است و تنها پنجرهٔ کشویی یا *کش* (مصطلح *اهل عمارت*) آن اندکی به پنجره‌های *عمارت* شباهت دارد، که تیرها و قاب‌های سقفش هم رنگ‌آمیزی و نقّاشی‌شده است. غیر از آن دو اتاق، حیاطی هم دارد. در جنوب آن دری و پلّکانی قرار دارد که به بنای جنوب‌شرقی می‌رسد. این اصل در همهٔ بناهای *دایرهٔ دوم* با وسواس رعایت شده است تا میزبان بتواند بدون

---

[۳۹] بر روی یکی از قاب‌های همین اتاق هم، تاریخ ۱۲۷۸ قمری ثبت شده است، که خود دلیلی بر این است که بناهای جانبی، یعنی بناهای *دایرهٔ دوم* به‌تدریج تکمیل شده است، که گاه در زمان حیات خود *میرمحمّدصادق*، و یا فرزندان او: *محمّد*، *مهدی*، *جواد و اسدالله* بوده است.

بیرون‌آمدن از *عمارت*، میهمانانی را که در هریک از بناهای *دایرهٔ دوم* در انتظار او هستند ملاقات کند و ناگزیر به بیرون‌رفتن از خانهٔ خود نباشد.

در تصویر در سمت راست، پشت‌بام همان بنای شرقی است.

۲- دایرهٔ سوم

این بناها که مصالحش از خشت خام است، عموماً در یک و گاهی در دو طبقه در دهلیزهای *دایرهٔ دوم* و گاهی کنار یکدیگر بر روی *دایرهٔ سوم* ساخته شده است، و منحصراً به خدمه اختصاص دارد که ناگزیر از زندگی در کنار *عمارت*اند، امّا هرگز *عمارت* را به چشم خود ندیده‌اند. استثنا دراین‌مورد، خدمهٔ زن و اسطبل‌بان‌هاست. این مردم بر روی *دایرهٔ سوم* به‌خصوص در ضلع شرقی و در جنوب‌شرقی و غرب زندگی می‌کنند و همگی به گویش خوانساری حرف می‌زنند. زندگی بسیار ساده‌ای دارند، از صنف بنّا، آشپز و کارگرند و قلباً هم ارادت زیادی به *اهل عمارت* دارند، به‌طوری‌که مردی ممکن است خاطرات پدرش را، مثلاً از تعمیرات ساختمانی یا مراقبت از اسب‌ها، بر زبان بیاورد، بی‌آنکه با تلخ‌کامی همراه باشد. ارادت آن‌ها بی‌ریا و بی‌شائبه است و از عهدشکنی آن‌ها هم هرگز کسی چیزی بر زبان نمی‌آورد. همسران این اشخاص سهم بسزایی در انجام امور دارند وهمگی بی‌مزد خدمت می‌کنند، وشاید هم تنها دلخوشی آن‌ها این باشد که قوت روزانهٔ خود را از سفرهٔ عمارت تهیّه می‌کنند. مرد و زن از اظهار ادب حتّی به کودکان *اهل*

نمونه‌ای از بناهای به‌جامانده در *دایرهٔ سوم*

عمارت هم سر باز نمی‌زنند و *فرزندان عمارت* را با لفظ *آقا* یا دختر*آقا* خطاب می‌کنند. *دایرهٔ سوم* اکنون باید جایی برای رعایا و پیله‌وران هم تدارک ببیند که بتوانند محمولهٔ خود را، که مال‌الاجاره‌ای است که به *عمارت* بدهکارند، تحویل دهند و یا به فروش برسانند؛ و این چیزی جز *کاروان‌سرایی* نیست که به فاصلهٔ اندک از *عمارت* است. بنای *کاروان‌سرا* آجری است و در یک و گاه در دو طبقه است؛ حیاطی وسیع، سنگ‌فرش‌شده با اتاق‌های بسیار در دو طرف، امّا بدون هرگونه تزیینی. دری دو لنگه‌ای از چوب گردو به بلندی شاید بیش از سه‌متر و سردری باوقار، که نشانی خود را بی‌کم‌وکاست به هر رهروی اعلام می‌کند.

کاروان‌سرای عمارت میرمحمّدصادق در سال‌های ۱۳۹۰ شمسی
Caravanserai of "'Imārat-i Mīr Muḥammad Ṣādiq"
Photo Courtesy of Cheshmehsar (copyrighted)

کاروان‌سرای عمارت میرمحمّدصادق
Caravanserai of "'Imārat-i Mīr Muḥammad Ṣādiq"
Photo Courtesy of Mr. Hossein Sedighian, 2016

این بنا حالا کسانی را در خود جای می‌دهد که در ضمن شبی را هم باید در آن سپری کنند،[۴۰] زیرا تنها راه رسیدن آن‌ها به *عمارت* همان *گردنگاه* است که بخش غربی خوانسار را از زمین‌های نسبتاً مسطّح و پرآب پشت ارتفاعات غربی جدا می‌کند. آنجا راهی پرخطر دارد و پرزحمت. جادّه‌ای هم که بخش شمال خوانسار را به جنوب آن متّصل می‌کند، پس

---

[۴۰] بنایی که در تصویر دیده می‌شود، درواقع *سراست*، و به‌هیچ‌وجه مشخّصه‌های کاروان‌سرا را ندارد. باید گمان برد که *اهالی عمارت میرمحمّدصادق* به مجموعهٔ آن بناهایی که مشتمل بر این بنا، *قیصریّه* و *کاروان‌سرایی* در همان محلّ بوده است، مسامحتاً *کاروان‌سرا* اطلاق می‌کردند. این مجموعه که از *ملحقّات عمارت میرمحمّدصادق* بوده، در همان سال‌های ۱۲۵۴ قمری پی‌ریزی شده است، به‌طوری‌که تکمیل آن‌ها، ازجمله مسجد *رئیسان* سال‌ها به‌درازا می‌کشد، و عملاً استفاده از آن‌ها در زمان حیات *فرزندان میرمحمّدصادق*: *اسدالله، محمّد، مهدی و جواد* ممکن می‌شود. این نکته دربارهٔ *بازاربالا* هم که در حدود سال‌های ۱۳۰۵ شمسی شکل دیگری (تصویر) می‌گیرد، و به‌همّت *آقامحمّد – از احفاد میرکبیر* – پس از *ویرانی در سال ۱۲۹۷*، دوباره دایر می شود، مصداق دارد.

از عبور از *چشمه‌آخوند*،[۴۱] و گذر از شیبی بسیار تند، به شرق *عمارت*، و به فاصلهٔ اندکی از آن می‌رسد، به‌طوری‌که تنها قسمت کوچکی از آن، که حتّی به یک کیلومتر هم نمی‌رسد و مشرف بر ضلع شرقی *عمارت* است، *بازاربالا* نامیده می‌شود.

بازاربالا در سال‌های ۱۳۴۰ شمسی (امتداد جنوب–شمال)
Bāzārbālā (Bāzār-i Bālā) in Khānsār (Ḫwānsār), South-North view (circa 1970 AD; Courtesy of Mr. Foroozesh)

درست در پشت همین *بازار* که در ابتدا روباز ساخته شده، *قبرستان بازاربالا* [۴۲] آرمیده است. آغاز *بازار*، *مقبرهٔ سیّدحسین* است که سال‌ها پیش از بنای *عمارت* در سال ۱۱۹۱ قمری از دنیا رفته است. همهٔ این بناها، چه در *دایرهٔ دوم* و چه در *دایرهٔ سوم* و حتّی *عمارت*، از جوی آبی سیراب می‌شود که در شرق جریان دارد و انشعابی از آب‌های سرچشمه[۴۳] است، به‌طوری‌که در چندین نقطه راه‌آب‌های فراخی وجود دارد که هریک آب را به جایی می‌رساند. اکنون با ذکر بناهای *دایرهٔ دوم*، ازجمله دو *حمّام* کوچک و بزرگ در جنوب، مسجد در شمال‌غربی، *کاروان‌سرا* و *بازاربالا* در شرق، و مهم‌تر از آن قبرستان در شرق، و *دایرهٔ سوم*، که همه در فاصلهٔ اندکی از *عمارت* قرار دارد، تصویری اندک مبهم

[۴۱] اکنون محلّه‌ای است در شمال شهر خوانسار.

[۴۲] کهن‌ترین *قبرستان خوانسار*. مسامحتاً هم گاهی آن را *قبرستان شرقی* می‌نامیم تا موقعیّت جغرافیایی آن را بهتر مشخّص کنیم.

[۴۳] اکنون محلّه‌ای در جنوب خوانسار با گردشگاهی و هتلی است که نگارنده در سال ۱۳۹۱ شمسی در آن اقامت داشت.

پدیدار می‌شود. معماران و کارگزاران و صدها نفر دیگر، که باشتاب به کار ساخت مشغول‌اند، باید بنای *عمارت*، یعنی همان *دایرهٔ اوّل* را، هرچه‌زودتر به پایان برسانند.

۳- عمارت میرمحمّدصادق

ساختهٔ ما شاید با قصری، کاخی و یا بهترازهمه با *عمارتی* هم‌سنگ *عمارت‌های صفوی* مانند *عالی‌قاپو* یا *چهل‌ستون* برابری کند که دیوارهایی بلند، با رخ‌هایی کنگره‌دار بر بلندای آن، و درهای متعدّد و بی‌شباهت به‌یکدیگر دورتادور آن را فراگرفته است، درحالی‌که خود با وقار هرچه‌تمام‌تر بر سر کرسی‌ای به بلندی بیش از یک‌متر در شمال ایستاده است. تاجی رنگین، مهیب و مرصّع بر سر دارد، و دو رواق چشم‌نواز با طاقچه‌هایی در اطراف آن، با گچ‌بری‌های سادهٔ دورتادور، با پوششی از مصالح بنّایی با رنگ زردسیر، هر تازه‌واردی را به درون خود هدایت می‌کند. درهای دورتادور نشان از مطبخی دارد و انباری و اسطبلی و شبستانی، یا از ورودی‌هایی به بناهای *دایرهٔ دوم*، که همگی از چوب گردو است، گاهی ضخیم و گاهی بسیار ضخیم است، امّا هیچ یک به شارع عام منتهی نمی‌شود. درِ جنوب‌غربی، دری دولنگه‌ای از چوب گردو و به قطر بیش از سی سانتی‌متر این بار یک استثنا محسوب می‌شود که به‌عمد بر روی دیوار غربی و کوتاه‌تر از قدّ معمول امّا کمی پنهان تعبیه شده که به همان هشتی و در دولنگه‌ای جنوبی منتهی می‌شود. صحن را سه *خرند* (مصطلح ساکنین) موازی با یکدیگر در طول تقسیم می‌کند که دو باغچه درخت‌کاری‌شده در دوطرف را با خیابانی یا *خرندی* در وسط پدیدار می‌کند، که حوض آبی هم در بالاسر دارد. دیوارها با نوارهای آجری موازی باهم و از پایین به بالا پوشیده شده تا هم هلالی‌هایی را پدیدار کند و هم از بلندی آن‌ها بکاهد. به‌جز آن طاق‌نمای رنگین، آجرهای لعاب‌دار سبزرنگ در زیر آن در چندین ردیف است، که از ضلع شمال‌شرقی تا شمال‌غربی امتداد دارد، و بالاسر *کش‌ها* و دروپنجره‌ها را به شکل لانه‌کبوتری تزیین می‌کند. در سمت راست و چپ هم دو *یاعلی* زیبا با خطّ بنّایی جلوه‌گر است که در پشت آن‌ها همان *هرزه‌پوش‌های* سراسری خوابیده است. این فضاهای گسترده و توخالی به‌یقین باید از نشت احتمالی آب پشت‌بام بر روی قاب‌های رنگ‌آمیزی و خطّاطی‌شده و زراندود سقف اتاق‌ها جلوگیری کند، هم هوای متعادلی در بالای آن‌ها تأمین کند و هم محلّی برای دیده‌بانی در وضعیت درازکش باشد؛ هرچند در سال‌های ۱۳۳۵ و پس از آن خروج کبوتران در دسته‌های چندصدتایی به هنگام سپیدهٔ صبح و بازگشت آن‌ها به‌هنگام غروب و اندک استراحت آن‌ها در زیر آن طاق‌نمای رنگین و بر روی سرتیرهای متقاطع صاف و

صیقل‌داده‌شده، تفرّج خاطر آن کودک خردسال و نشاط بیش از اندازهٔ مادربزرگش را فراهم می‌کند که با آن‌ها انسی وافر دارد و نماز صبح و عصر را با خروج و ورود آن‌ها می‌خواند.

آجرهای سبزرنگ به‌شکل لانه‌کبوتری همان هرزه‌پوش‌هاست.

اکنون از بالا تا پایین نما یک‌پارچه مزیّن به دروپنجره‌هایی است که فرشی بسیار ریزبافت و تمام‌رنگی را مجسّم می‌کند که تاروپودش چوب است و شیشه با طرح‌هایی از چندضلعی‌های منتظم که به‌دفعات در جهت قطر تقسیم شده است تا چندضلعی‌های کوچک و کوچک‌تر را پدید آورد که مساحت آن‌ها اعمّ از مثلّث و لوزی گاهی از یک سانتی‌مترمربّع فراتر نمی‌رود و با شیشه‌های رنگارنگ پوشیده شده است. نجّاران ما اکنون در هیئت قالی‌باف‌هایی ظاهرشده‌اند که درجات مهارت حرفه‌ای را در گره‌های بیشتر در واحد سطح و نقوش دل‌انگیز و شاید در بداهه‌سرایی، یعنی بداهه‌بافی و بداهه‌کاری نشان می‌دهند.

نمونه‌ای از دروپنجره‌های به‌جامانده

گذر از جنوب صحن حیاطی که بیش از چهارهزار مترمربّع وسعت دارد و سرتاسر سنگ‌فرش است و حالا دو اسطبل وسیع را در پشت سر خود دارد،که گاهی شیههٔ اسب‌ها از آن‌ها شنیده می‌شود، و ادامهٔ رفتن به سمت شمال حیاط، که هنوز درهای دیگری دارد که به‌تناوب از آن‌ها صدای قدقد یا بوی عرق اسب‌ها می‌آید و یا بوی طبخ غذا و یا در پشت آن‌ها بنایی دیگر پنهان است، به اوّلین پلّکان سنگی رواق دست چپ منتهی می‌شود که این بار با آجر فرش شده است و دری دولنگه‌ای و بلندبالا در وسط آن و دو پنجرهٔ مشبّک در اطرافش قرار دارد؛ و به سرسرایی وارد می‌شود که باز کف آن پوشیده از آجر است و در اطراف آن طاقچه‌هایی است و در سمت چپ آن آستانهٔ دری قرار دارد که به اتاقی وسیع و رنگ‌آمیزی‌شده، امّا با گچ‌بری‌های ساده می‌رسد. این اتاق با در دیگری به اتاقی وارد می‌شود، اندکی ساده‌تر که صندوق بزرگ رنگ‌آمیزی ومنبّت‌کاری شده‌ای در آن قرار دارد که جای نگهداری نان است. دو پنجرهٔ اتاق نیز با آستانه‌ای به *حیاط عمارت* باز می‌شود. در داخل سرسرا و درست برروی دیوار شمالی دری کوچک امّا قطور دیده می‌شود که در پشت آن انباری عظیم است که دیوار و سقف و کف آن یکسره از سنگ‌های صاف و صیقلی‌شده پوشیده شده است و هیچ منفذ و پنجره‌ای به بیرون ندارد. رواق دست چپ، با فاصلهٔ حوضی در وسط، به رواق دیگری که قرینهٔ آن است می‌رسد که آن هم به سرسرایی

باز می‌شود که این بار دو در، در سمت راست و چپ آن است. دست چپ اتاقی بسیار زیبا با طاقچه‌های متعدّد و سربخاری‌های گچ‌بری و آینه‌کاری‌شده، با سقفی یکسره رنگ‌آمیزی‌شده و قاب‌هایی نقّاشی‌شده، به‌طوری‌که پنجره‌های این اتاق این بار بدون فاصله صحن حیاط را می‌بینند. اتاق دست راست هم، که اندکی ساده‌تر است، با طاقچه‌ها و رفه‌های متعدّد، بازهم حیاط را می‌بیند و در پشت سر خود هم پستویی را پنهان دارد.

رواق سمت چپ *عمارت میرمحمّدصادق*، طاقچهٔ روبه‌رو در تصویر پایین

رواق سمت چپ عمارت میرمحمّدصادق

18 08 2012

اتاق‌های سمت چپ عمارت در طبقهٔ پایین

در انتهای سرسرا برخلاف سرسرای اوّلی دری نیست، بلکه پلّکانی است بسیار فراخ که ارتفاع یک گام آن بسیار کوتاه است و با طیّ دست‌کم ده پلّه دوباره به پاگردی کوچک می‌رسد که در سمت راست وچپ آن دو راه‌پلّه رودررو است. در سمت چپ هم، سرپلّه‌ای بزرگ است با چند پنجرهٔ مشبّک به‌سمت شمال و چهار در کنار هم:

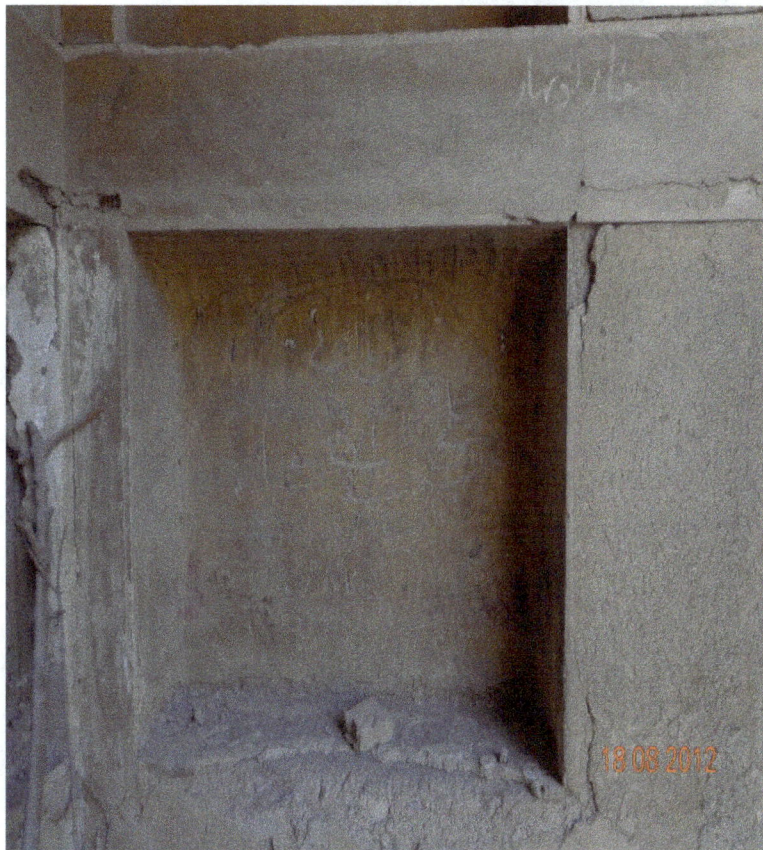

این بخش به‌کلّی تخریب شده است و نشانی از آن در دست نیست. آنچه برجا مانده است، همین قسمت از رواق دست راست است.

یکی ورودی به اتاقی که آن را *ارسی* می‌گویند و همهٔ هنر بنّایان، نقّاشان و نجّاران در آن به بهترین وجه نمایان است. نقّاشان سقف را یکپارچه مزیّن به نقوش گل‌ومرغ و اشعار و آیه‌های قرآنی می‌کنند و گاهی نیز ردّی از نام خود و یا تاریخ بنا به‌جا می‌نهند:

نمونه‌ای تازه‌یافت از گل‌ومرغ‌های ارسی

Photo Courtesy of Mr. Mohsen Mehrabi, researcher and historian, 2018

نمونه‌ای تازه‌یافت از آیات قرآنی در ارسی[۴۴]

Photo Courtesy of Mr. Mohsen Mehrabi, researcher and historian, 2018

[۴۴] به‌تازگی نشانی‌هایی از قاب‌های طلاکاری شدهٔ *نیمهٔ* سمت *راست عمارت* و ظروف و سماور منحصربه‌فرد *موقوفات سیّدمحمّدحسن نجفی زاده*، که در سال‌های ۱۳۴۹و پس‌ازآن ناپدید شده، به دست آمده است.

نمای سراسری *ارسی*

معمار قضا ریخت چو طرح گل و خشت * مقصود وی این بنای عالی نه بهشت
ا ز بهر بنای این عمارت مذنب * *باغ ارمی* بسال تاریخ نوشت

که مقصود نویسنده آن است که بنا در سال ۱۲۵۴ قمری (= *باغ ارمی* = ۱۲۱۷ شمسی) به اتمام رسیده است. [۴۵] (بامتابعت از رسم‌الخطّ اصلی)

---

[۴۵] به‌نقل ازنوشته‌های *سیّدمحمّدحسن نجفی‌زاده*. وی پدر بزرگ نگارنده است که تا سال ۱۳۳۱ به هنگام فوت در خانهٔ پدری ساکن بوده؛ مجموعهٔ دست‌نوشته‌ها، اجازه‌نامه‌ها و کتاب‌های ارزشمندش در سال ۱۳۳۲ شمسی از بیم گزند به استناد رسید موجود، به نمایندهٔ کتابخانهٔ *مسجد اعظم* در قم تحویل داده شده است. سنگ قبر او و خواهرش *زهرابیگم نجفی‌زاده* (متوفی به سال ۱۳۶۵ قمری) هردو با خطّی زیبا نگاشته شده و در نزدیکی محلّی است که اکنون *شهدای* جنگ مدفون‌اند. و همچنین بنگرید به: *سیّدحسین ابن ابوالقاسم جعفر*

نقّاشی و نوشته‌های روی قاب‌ها: *باغ ارمی* = ۱۲۵۴ قمری
Date of Construction:
ʻImārat-i Mīr Muḥammad Ṣādiq, 1254 AH = 1838 AD (left wing),
Photo Courtesy of Najafizadeh.org (copyrighted)

غیر از گچ‌بری‌های خیره‌کننده، سربخاری و آینه‌کاری اطراف آن، دورتادور سقف قطعه‌ای به خطّ نستعلیق نوشته شده است:

وه چه قصر است اینکه از رفعت * سایه افکنده بر سر کیوان * وه چه معظم بناست اینکه شکست * نه طلسمات گنبد گردان * وه چه کاخ است اینکه عرش آمد * کرسی زیر پای بنّایان * گفتم این منزل رفیع از کیست * که سپهرش شده است شادروان * عقل گفتا به احترام تمام * حرم نایب امام زمان * آنکه آمد معلّم ثالث * آنکه آمد یگانهٔ دوران * آنکه بر خلق برتری دارد * از ره فضل و دانش وعرفان * آنکه حبل‌المتین دین آمد * در حقیقت به عالم امکان * آنکه آمد ز فضل بحر علوم * آنکه آمد ز فیض جان جهان * سمّی جدّ خود امام ششم * آنکه رونق گرفت از او ایمان * نور حق از جبین وی ظاهر * آنکه حق در ضمیر وی پنهان * فلک عقل راست بدر منیر * عالم علم راست جوهر جان * اختر برج آسمان کمال * مظهر لطف قادر سبحان * نیست ممکن مرا که مدحت او * هست بیرون ز حیّز امکان * کلک مطرب نوشت تاریخش * بود آن قصر شبه قصرجنّان* این بنا باد ثابت و معمور * تا ز سیّاره هست نام و نشان (با متابعت از رسم‌الخطّ اصلی)؛ و یا:

عمل *استادآقابابا نجّار* و *استادحسین‌بن‌ملّامحمّد* و *استادعظیم* و *استادحسین‌بنّا*؛ و البتّه اشارهٔ مستقیم به کلک *مطرب*.[۴۶] سوره‌های آخر قرآن در جای‌جای سقف بر روی قاب‌ها نگاشته شده است. از داخل همین اتاق بزرگ دری به سرسرایی کوچک باز می‌شود که آنجا نیز اتاقی کوچک قراردارد که نام ائمهٔ اطهارع بر آن گچ‌بری شده است:

[۴۶] *مطرب* همان *محمّدصادق* است که طبعی روان و قریحهٔ سرشار دارد که اندکی پس از بنای عمارت در سال ۱۲۵۶ قمری درمی‌گذرد و در مسجد جامع مدفون است. بنگرید به: *بخشی، یوسف. تذکرهٔ شعرای خوانسار. تهران: مؤسّسهٔ مطبوعاتی میرپور*، ۱۳۳۶ شمسی

هو یا کریم، یا فرد یا احد، الله و محمّد و علی و فاطمه و حسن و حسین و علی و محمّد و جعفر و موسی و علی و محمّد و علی و حسن و محمّد؛ و بازهم آیه‌هایی از قرآن و عباراتی نظیر: *لافتی الّا علی لاسیف الّا ذوالفقار*. قاب‌های سقف این اتاق نیز در نهایت زیبایی است، امّا هیچ‌یک زراندود نیست. پس از آتش‌سوزی‌ای که در این بخش روی می‌دهد، قاب‌های این اتاق در سال ۱۳۱۲ قمری (۱۲۷۳ شمسی) بازسازی می‌شود.[۴۷]

بخشی از آینه‌کاری و نوشته‌ها هنوز در عکس دیده می‌شود

درِ دیگری در همان سرپلّه کنار این در قرار دارد که به دو اتاق باز می‌شود که در طول یکدیگر است. این دو اتاق هم، جنوبی کوچک‌تر و شمالی بزرگ‌تر، پنجره‌هایی رو به *عمارت* دارد، زیبا آراسته شده است، بخاری و سربخاری‌ای در اتاق جنوبی دارد، چند ردیف طاقچه در اتاق شمالی، و بازهم تیرهای رنگ‌آمیزی‌شده. در سرپلّه، در دیگری که رو به غرب دارد، در کنار این در است که به مجموعهٔ بزرگ‌تری باز می‌شود. اتاقی بزرگ با سقفی بدون رنگ‌آمیزی، هرچند دیوارها دارای گچبری‌های زیباست. در یک ضلع آن دری به پستویی باز می‌شود که خود با در دیگری به *گوشوارهٔ* ضلع غربی منتهی می‌شود. این *گوشواره* نیز بسیارزیبا آراسته شده و سقفی با قاب‌های رنگ‌آمیزی‌شده و آیه‌های قرآنی

[۴۷] به‌نقل از *سیّدمحمّدحسن نجفی‌زاده* (از ذکر دیگر اشعار این دو اتاق، که براساس *یادداشت‌های سیّدمحمّدحسن* موجود است، خودداری کردیم.)

فراوان دارد.[۴۸] در پشت اتاق اصلی و به سمت شمال مطبخی و چای‌خانه‌ای وسیع وجود دارد که به مجموعهٔ آن استقلال کامل می‌دهد.[۴۹]

در تصویر مجموعهٔ مسکونی طبقهٔ اول و بالاسر آن یکجا دیده می‌شود

در سرپلّه در دیگری هم هست با پلّکانی بسیار فراخ که باز به پشت‌بام می‌رسد. بامی با گستره‌ای عظیم که به سبب وجود طاق‌نما، برف‌روبی آن تنها در یک‌جهت ممکن است، به‌گونه‌ای که بر روی دیوار دورتادور بام، برف‌اندازهایی مستطیل‌شکل تعبیه شده است که تنها ریختن برف را به همان محلّی که در ضلع شمال‌غربی پیش‌بینی شده، میسّر می‌کند. اتاق دیگری بر بالای پشت‌بام و در عرض آن وجود دارد که اهالی در اصطلاح خود به آن *کیبون*[۵۰] می‌گویند و جایی برای نگهداری میوه و محصولاتی است که باید در هوای خنک بماند. درهای کوچکی که به استوانه‌هایی بسیار فراخ امّا سفالین می‌رسد، به داخل *هرزه‌پوش‌ها* می‌رسد، جایی که نمی‌توان به‌غیر از وضعیّت درازکش یا نشسته در آن درنگ کرد. به در سمت راست راه‌پلّهٔ اصلی که بازگردیم به اتاق‌هایی تودرتو و بسیار زیبا می‌رسیم.

---

[۴۸] همان *گوشواره‌ای* است که در بنای غربی به آن اشاره کردیم.

[۴۹] *سیّدمحمّدحسن نجفی‌زاده* در این مجموعه و *سیّدمحمّدحسین* در مجموعهٔ زیرین زندگی می‌کرده است.

[۵۰] روان‌شاد *سیّدحمید عظیمی* (درگذشته به‌سال ۱۳۹۴) به نگارنده توضیح دادند که *کیبون* برگرفته از گویش *خوانساری* و مرکّب از کیه به معنای خانه و *بون* به معنای بام است.

تنها فرق قسمت سمت راست راه‌پلّه با چپ آن در این است که هرچند بخش دست راست بسیار کوچک‌تر است، امّا برخلاف انتظار تنها قاب‌های تمام‌زراندود، که متجاوز از پنجاه عدد است، در این قسمت واقع شده. حتّی در *ارسی* هم، که شاه‌نشین به‌حساب می‌آید از قاب زراندود نشانی نیست.[۵۱]

اکنون که سال ۱۲۵۴ قمری است و *میرمحمّدصادق* بنای *عمارت* را در زمانی کوتاه به پایان رسانده، در جستجوی نامی برای آن است. گرچه کارگزاران و مشاوران بدیل‌هایی چون محلّهٔ سادات، محلّهٔ آقایان را پیشنهاد می‌دهند، او نام *محلّهٔ رئیسان*[۵۲] را برمی‌گزیند و از آن پس نام *حمّام رئیسان* و *مسجد رئیسان* هم بر سر زبان‌ها می‌افتد. او که اکنون چهار پسر به نام‌های: اسدالله، جواد، مهدی و محمّد دارد، در *عمارت* نوبنیان سکنی دارد و همچنان به فارسی سره در خانه حرف می‌زند. *آقاسیّدمهدی* و *آقاسیّدمحمّد*،[۵۳] هر دو از علمای بزرگ به‌شمار می‌آیند که تا سال‌ها هم‌تراز پدران خود، همچون *سیّدمهدی‌کبیر* و *سیّدحسین* باقی می‌مانند. *عمارت میرمحمّدصادق* هم پس از این تاریخ بدون هرگونه اضافه‌ای و علی‌الاطلاق *عمارت* خوانده می‌شود، به‌طوری‌که حتّی در *سال‌های سی*، لفظ *عمارت* همواره به *عمارت میرمحمّدصادق* در *محلّهٔ رئیسان* اشاره دارد.

محلّهٔ رئیسان و تطاول زمان

دوران شکوفایی *محلّه* و *عمارت نوبنیان* چندان نمی‌پاید. *آقاسیّدمهدی* و *آقاسیّدمحمّد* که به ترتیب جدّ اعلای مادری و پدری کودک *سال‌های سی‌*اند، روزی در اتاق‌های طبقهٔ بالا سکنی دارند. *سیّدمهدی* چهار پسر، به نام‌های: *محمّدصادق*، *ابوالمعالی*، *علی* و *حبیب‌الله*[۵۴] و *سیّدمحمّد* هم سه پسر: *محمّدحسن*، *محمّدحسین* و *محمّدصادق*[۵۵] دارد.

---

[۵۱] بخش سمت راست براساس مشارکت‌نامهٔ موجود در اختیار *سیّدمحمّدحسن نجفی‌زاده نبوده*، امّا از قاب‌های زراندود نشانی‌های زیادی در دست است: *این مبارک بقعهٔ او را موسی عمران ندید * ورنه هرگز می‌نشد از وادی ایمن به طور*

[۵۲] به‌نقل از *سیّدمحمّدحسن نجفی‌زاده*، و در سال‌های اخیر: *روضاتی، سیّداحمد (مناهج المعارف، مقدّمه، صفحهٔ صدوهشتادودو)*: ازآن‌جهت به این اسم نامیده شده که گروه کثیری از *رؤسای علمای خوانسار* که همه از *احفاد میرکبیر* مؤلّف این کتاب بودند در این محلّ سکونت داشتند.

[۵۳] *جواد*، متوفّی به سال ۱۳۰۵ قمری، و مدفون در کنار *مقبرهٔ سیّدحسین*؛ *مهدی و محمّد* مدفون در کربلا.

[۵۴] *محمّدصادق*، متوفی به سال ۱۳۲۶ شمسی؛ *حبیب‌الله*، متوفّی به سال ۱۳۲۶ قمری (۱۲۸۶ شمسی)؛ *علی*، متوفّی به سال ۱۳۶۱ شمسی و مدفون در *قبرستان پشت بازاربالا*؛ و *ابوالمعالی* متوفّی به سال ۱۳۲۹ شمسی (۱۳۷۰ قمری)، مدفون در *قمشهٔ اصفهان*.

[۵۵] *محمّدحسن*، متوفّی در پانزدهم دی‌ماه ۱۳۳۱ شمسی (هجدهم ربیع‌الثّانی ۱۳۷۲ قمری)، مدفون در *قبرستان* پشت *بازاربالا*؛ *محمّدحسین*، متوفّی به سال ۱۳۲۷ قمری (*داد جان در کوی جانان روز عاشورا* حسین)؛ و *محمّدصادق*، که از ابتدا مقیم اراک بوده (مدفون در تخت‌فولاد اصفهان، متوفّی: پیش از ۱۳۲۰ شمسی)؛ هرسه برادر با نام خانوادگی **نجفی‌زاده (نجفی زاده)** شناخته می‌شوند؛ این نکته در *ضیاء الابصار فی ترجمة علماء خوانسار* (سیّدمهدی ابن‌الرضا. قم: انصاریان، ۱۳۸۲)، به‌درستی ملحوظ نیست؛ بنگرید به: ***سیّدحسین‌ابن‌ابوالقاسم‌جعفر***، *زیرنویس شمارهٔ ۱۶*

اکنون که آن دو سال‌هاست که در کربلا آرمیده‌اند، *نوادگان میرمحمّدصادق* حتّی با تقریب زیاد هم همسنگ پدران خود نیستند؛ و این آغازگر راهی بی‌فرجام است. در سال‌های ۱۲۸۰ شمسی و پس از آن *نوادگان میرمحمّدصادق* تنها به ذکر نام پدران خود مفتخرند و نه بیشتر. این جوانان سی ساله در آن روزها از جهات دیگری نیز اهمیّت خود را از دست می‌دهند. شراره‌های دست‌وپازدن قجری حتّی ناحیهٔ کوچکی به نام خوانسار را مصون نمی‌گذارد؛ و این برخلاف ادّعای کسانی است که *وقایع سال ۱۲۹۷ شمسی خوانسار* را به اختلافات درون‌شهری تقلیل می‌دهند، و *وقایع خوانسار* را مرتبط با آن می‌دانند که با گسیل سربازان از مرکز، ورود آن‌ها به *عمارت میرمحمّدصادق*، با تیراندازی مدافعان آن از داخل *هرزه‌پوش‌های* بالای *ارسی*، استفادهٔ آن‌ها از مخفیگاه‌های بنای شمال‌غربی - که منجر به حریق در بخشی از طاق‌نمای بالاسری آن می‌شود - و با دستگیری و اعدام یکی از *نوادگان میرکبیر* پایان می‌یابد که در طبقهٔ بالای *عمارت میرمحمّدصادق* کنار بستگانش، *سیّدمحمّدحسن* و همسرش نشسته است.[56]

سندی که *سیّدمحمّدحسن نجفی‌زاده*، کمی پس از غارت *عمارت میرمحمّدصادق* در *محلّهٔ رئیسان* در سال ۱۳۴۴ قمری (۱۳۰۴ شمسی)، به امضای علما و مشاهیر رسانده است تا از دولت مرکزی مطالبهٔ غرامت کند.
Un document que Sayyid Muḥammad Ḥasan Nağafīzādih a fait signer par les ʿUlimā et Notables peu de temps après le pillage de sa résidence, ʿImārat-i Mīr Muḥammad Ṣādiq dans le quartier Ra'īsān en l'année 1344 de l'hégire. (Copyrighted)

اسناد متقن تاریخی، مبنی بر فعالیّت کسانی که در سال‌های پیش و پس از ۱۲۹۷ اقدام به تأسیس احزاب نوظهور[57] به سبک اروپایی کرده‌اند و نام‌ونشان آن‌ها حتّی در خوانسار روشن

---

[56] اشاره به *وقایع خوانسار* در سال ۱۲۹۷ شمسی و یا ۱۹۱۸ میلادی است. *غارت عمارت میرمحمّدصادق* درست هم‌زمان با همین دستگیری و اعدام است؛ و این نکته را *زهرایی* در *دورنمای خوانسار* در صفحهٔ ۶۱ مسامحتاً از قلم انداخته است.

[57] *حسین واعظزاده و پیش‌آمدهای خوانسار و اراک*: ناشر، مؤلّف، چاپ اوّل، تابستان ۱۳۷۴ شمسی

است، اشاره به آن دارد که نفوذ افکار جدید در ایران سرانجام این ناحیه را هم فرا می‌گیرد که گاه ضربه‌ای است جانکاه. این رویداد زخمی کاری برای ساکنین عمارت میرمحمّدصادق به‌حساب می‌آید، به‌ویژه آنکه پس از انتقال قدرت به کسانی که اکنون اسلام‌گریزی را در رأس امور خود قرار داده‌اند، افول جایگاه اجتماعی *نوادگان میرمحمّدصادق* شتابان‌تر می‌شود. آنچه ناظر عینیّت‌گرا می‌تواند از مناسبات درون *عمارت* در سال‌های ۱۳۱۰ تا ۱۳۳۰ ارائه دهد، چیزی جز رقابت بین *نوادگان میرمحمّدصادق* بر سر آراسته‌شدن هرچه بیشتر به مظاهر فرهنگ تازه‌وارد و غیربومی نیست. آراستگی این فرزندان به مظاهر فرهنگ نو آنان را بر آن می‌دارد تا گذشتهٔ خود را پنهان کنند، آن را به‌نحوی خوار بینگارند یا دست‌کم نشانی از عقب‌ماندگی تاریخی قلمداد کنند. این فاجعهٔ دردناک *عمارت میرمحمّدصادق* را پس از سال‌های ۱۳۱۵ تقریباً خالی از سکنه می‌کند و با فوت *میرزامحمّدصادق* در سال ۱۳۲۶ شمسی و *سیّدمحمّدحسن* در سال ۱۳۳۱ فرهنگ جدید سایهٔ سنگین خود را بر سر *عمارت* می‌گستراند و آن را در خاموشی فرو می‌برد، و نه‌تنها به قصبه یا بخشی کم‌اهمیّت به نام خوانسار راه می‌یابد، بلکه در سراسر ایران نیز به‌همین منوال عمل می‌کند. دست تطاولگر *به‌اصطلاح پژوهشگران* هم در تخریب عمدی بخش شمال‌شرقی *عمارت* که نشانی آن را مقدّمتاً ذیل مقالات *به‌اصطلاح تحقیقی* و *مشعشعانهٔ* خود به راهزنان داده‌اند، و خود بی‌اذن وارد *عمارت* می‌شوند، در غارت قاب‌ها و نقّاشی‌های برجای‌مانده از سال‌های ۱۳۴۹ به‌بعد کاملاً مشهود است.[58] بناهای ضلع جنوبی، ازجمله آن دو *حمّام رئیسان* به بهانه‌های دیگری به‌کلّی تخریب می‌شود؛ درخت‌های گردو طعمهٔ ارّه‌های برقی تازه‌وارد می‌شود؛ و بی‌آنکه پوست بدنهٔ آن‌ها تراشیده شود یکسره به کارگاه‌های نجّاری در خارج تحویل می‌شود. دو درخت جوان از سال‌های ۱۳۳۵ هنوز باقی‌مانده که یکی در ضلع جنوبی و دیگری در ضلع غربی است که در آن سال‌های ۱۳۵۰ مطمح نظر آن استادکاران نبوده. ضلع شمالی، ازجمله *مسجد رئیسان*، به برکت برگزاری نماز صبح و ظهر و مغرب، که ازقضا یکی از *فرزندان میرکبیر* برپا می‌دارد، همچنان پابرجاست، بی‌آنکه طیّ پنجاه‌سال گذشته مجلسی در عزای حسین *سلام‌الله* در آن برپا شده باشد یا از آن ظروف زیبا نشانی در دست باشد. بنای شمال‌شرقی نیز اندکی پیش از سفر کودک دیروز به خوانسار قربانی ... بیلی مکانیکی می‌شود که در اطراف آن

[58] کسانی که خود شاهد ورود آن راهزنان به عمارت در سال‌های ۱۳۴۹ و پس‌از آن بوده‌اند، برخی هنوز زنده‌اند و اظهاراتشان نزد نگارنده محفوظ است. تخریب نیمهٔ دست‌راست بنای عمارت هم از همین زمان آغاز می‌شود. برخی از آن *به‌اصطلاح تتّبعات خوانسارشناختی* در مطبوعات آن سال‌ها بازتاب دارد، و گاه به‌غلط اینجاوآنجا، امروز هم نقل‌به‌مضمون می‌شود.

جولان می‌داده است. بنای ضلع غربی، آن هم طعمهٔ آتش‌سوزی عمدی در سال‌های بعد می‌شود تا قاب‌های مذهّب آن از مهلکه به سلامت بیرون بیاید و بعد یکسره به همان *محقّقین و خوانسارشناسان عالی‌رتبهٔ سال‌های* ۱۳۴۹ و سپس به ... واگذار شود. از بنای شرقی، که قاب‌های زیبای آن هم طمع آن *به‌اصطلاح خوانسارشناسان* را برانگیخته بود، اثری نیست جز شبه‌بنایی سرهم‌بندی‌شده؛ هم زشت و هم توجیه‌گر آن تخریب. و جنوب‌شرقی هم چیزی درخور توجّه، جز همان اتاق مشرف به *عمارت* ندارد که پابرجاست، و *کاروان‌سرا* هم امروز ویرانه و تلی از خاک است و از در تمام‌گردو و بسیار بلند و قطور آن نشانی نیست. از *بازاربالا* هم اثری نیست و تنها شاخصهٔ آن از *سال‌های سی* همان *مقبرهٔ سیّدحسین* است که به شیوهٔ امروزی تجدیدبنا شده است، امّا در کنار چیزهایی شبیه به بناهای مسکونی پنهان است، که به حریم قبرستان تعدّی کرده‌اند. آنچه مایهٔ شعف است جایگزینی برخی از بناهای *دایرهٔ سوم* با بناهای امروزی است که نشان از برون‌رفت آن مردم نیک‌نفس از تیره‌روزی پیشین می‌دهد، هرچند برخی از آن‌ها به‌ویژه در ضلع شمال‌غربی هنوز پابرجاست.

کودک دیروز ما، به آنچه امروز ویرانه‌ای بیش نیست و انتظار هرچه‌بیشتر دست تطاولگران را می‌کشد و تنها خاطرات بسیار دورش را یادآوری می‌کند، با اندوه می‌نگرد و در دل آرام‌آرام می‌گرید.

٤

بازاربالا در خوانسار

Bāzārbālā (Bāzār-i Bālā) in Khānsār (Ḫwānsār)

بازاربالا در خوانسار (سال‌های ۱۳۵۰ شمسی)
Bāzārbālā (Bāzār-i Bālā) in Khānsār (Ḫwānsār), South-North view (circa 1970 AD)
Photo Courtesy of Najafizadeh.org (Copyright holder: Mr. Reza Foroozesh)

٤

بازاربالا

محلّهٔ رئیسان در سال‌های ۱۲۲۰ شمسی شهرکی را می‌ماند که زیباترین بناهای مسکونی را در خود دارد و هم سایر ساخته‌هایی که لازمهٔ زندگی اجتماعی است. درِ شمال‌غربی بنای جانبی عمارت میرمحمّدصادق در کنار مسجد رئیسان است و با اندک فاصله‌ای خود را به بازاری می‌رساند که در شرق عمارت قرار دارد. قبرستان قدیمی در پشت بازارست و مقبرهٔ *سیّدحسین‌ابن‌ابوالقاسم‌جعفر* با بقعه‌ای آجری نقطهٔ آغازین آن.

در این شهر، بخش کوچکی از راهی که شمال را به جنوب وصل می‌کند *بازاربالا* نامیده می‌شود، یعنی محلّی اختصاصی جهت کسب‌وکار. بررسی دقیق محلّ بازار نشان می‌دهد که ساکنین *محلّهٔ رئیسان* باید مشتریان بالقوّهٔ آن باشند، هرچند کسانی هم که باید خود را از شمال به روستاهای جنوب و جنوب‌شرقی برسانند، ناگزیر از عبور از همان بازارند. این نمونه هنوز هم در شهرهای کوچک ایران به‌خوبی دیده می‌شود. اکنون بخش دیگری از زندگی اجتماعی در کنار مقبرهٔ *سیّدحسین* قوام می‌گیرد.

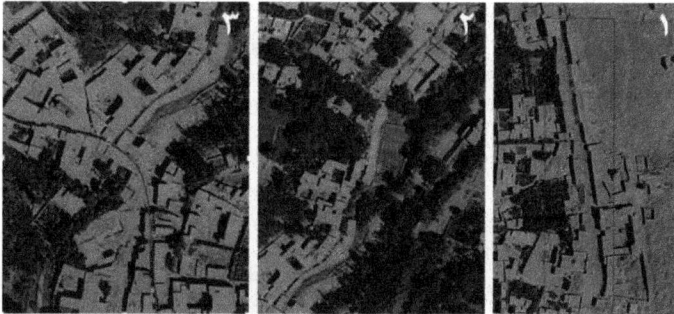

عکس هوایی سال ۱۳۳۵ شمسی (۱۹۵۶ میلادی)، سازمان نقشه‌برداری کلّ کشور

در عکس شمارهٔ ۱ *بازاربالا* و *قبرستان پشت‌بازاربالا*، و در شمارهٔ ۲ *عمارت میرمحمّدصادق* به خوبی دیده می‌شود.

سال‌ها به‌همین منوال می‌گذرد و از *میرمحمّدصادق* و چهار فرزندش هم دیگر نشانی نیست.[۵۹] حوادث خونبار سال‌های ۱۲۹۷ شمسی[۶۰] *بازاربالا* را هم بی‌نصیب نمی‌گذارد و آتش‌سوزی آن را به ویرانه‌ای بدل می‌کند. اندکی بعد که ساخت جادّه‌های بین‌شهری بر اساس نمونه‌های اروپایی رواج می‌یابد، کسانی که به بازسازی بازار می‌اندیشند (۱۳۰۵ شمسی) عرض حدّاقلی جادّه‌های شوسهٔ آن زمان را، که ضمناً باید پذیرای اتومبیل‌های تازه‌وارد باشد رعایت می‌کنند و در دو طرف آن چندین دکان می‌سازند و همان قسمت را که به چندصدمتر هم نمی‌رسد با سقفی بسیار ابتدایی می‌پوشانند تا اندکی به بازارهای صفوی شباهت پیدا کند. بخش سرپوشیده درست از نقطه‌ای آغاز می‌شود که ورودی *محلّهٔ رئیسان* است[۶۱] و در جایی پایان می‌یابد که بازار به سمت پایین امتداد دارد و دیگر *بازارپایین* نامیده می‌شود. *علی‌جان‌نانوا*، که درست روبه‌روی همین ورودی *محلّهٔ رئیسان* است به‌تازگی از تنور هیزمی خود دست برداشته است و از سوختی که خود نفت سیاه می‌نامد استفاده می‌کند، بی‌آنکه مشکلات آن را بداند، هر ساعت و دقیقه گرفتار جریان نامنظّم قطره‌های سوخت است که گاهی دودی غلیظ پراکنده می‌کند که ازقضا نه به مذاق علی‌جان می‌سازد و نه به مشتریانی که بوی مطبوع تنور هیزمی او را پیشتر آزموده‌اند.

---

[۵۹] *میرمحمّدصادق* بنیادگذار *محلّهٔ رئیسان* در سال‌های ۱۲۵۰ قمری است. چهارفرزند او هم: *محمّد*، *مهدی*، *اسدالله* و *جواد* است. (همچنین بنگرید به *عمارت میرمحمّدصادق*)

[۶۰] اشاره به *غارت عمارت میرمحمّدصادق* و *اعدام میرزامحمّدمهدی* است. زهرایی در *دورنمای خوانسار (زهرایی، فضل‌الله: دورنمای خوانسار، ناشر مؤلّف، چاپ رنگین، ۱۳۴۱ شمسی)*، صفحهٔ ۶۱-۶۲، آنچه نقل می‌کند درست است، امّا در همان‌جا هم دستگیری *میرزامحمّدمهدی* در *عمارت میرمحمّدصادق*، و سپس غارت *عمارت میرمحمّدصادق* در همان‌روزها را از قلم انداخته است.

[۶۱] در تصویر همان تیر چراغ‌برق است. به نقل از *سیّدمحمّدحسن نجفی‌زاده* و *روضاتی، سیّداحمد* (مناهج المعارف، صفحهٔ صدوهشتادودو مقدّمه): «از آن جهت به این اسم نامیده شده که گروه کثیری از رؤسای علمای خوانسار که همه از احفاد *میرکبیر*، مؤلّف این کتاب بودند، در این محلّ سکونت داشتند.»

بازاربالا در سال‌های پنجاه، امتداد جنوب‌شمال (درتوصیف مغازه‌ها: ۱. *آقامحمّدرنگرز*، ۲. *کلّامیدی*)

Bāzārbālā (Bāzār-i Bālā) in Khānsār (Ḫwānsār), South-North view (circa 1970 AD)

Photo Courtesy of Mr. Mehrabi and Mr. ‘Afi

مشهدی‌حبیب‌الله هم در نزدیکی کاروان‌سرای مجاور *عمارت میرمحمّدصادق* همین سرنوشت را به‌مانند کوزه‌گرخانهٔ روبه‌روی خود دارد. *استادمصطفی‌نجّار*، آن هنرمند تمام‌عیار، که چوب در دستانش چون موم نرم است، در همین طرف است که سرپوشیده هم نیست.[۶۲] در همین‌جا، و روبه‌روی *استادمصطفی*، محوّطه‌ای روباز وجود دارد که اهالی به آن *قیصریّه* می‌گویند و گل سرسبد همهٔ کسبهٔ آنجا *استاداسماعیل‌چاقوساز* است؛[۶۳] آن مرد آرام و کم‌حرف که فضای مغازه‌اش تنها برای یک نفر تکافو می‌کند و ساخته‌هایش بی‌مانند. ...دریغ. *استادکریم‌سلمانی* هم در همین‌جا و در همان سال‌ها یک ماشین اصلاح دستی آلمانی خریده است که تنها کارش این است که سر دانش‌آموزان را برای اوّل مهر آماده کند. هرچه روی سر است از ریشه و بن می‌زند و دربند زشتی و زیبایی آن نیست. دو شیرینی‌پز کارآزموده و ازقضا باتقوا هم، یکی *کلّامیدی* در کنار *علی‌جان* و دیگری *آمیرزاحسین* در طرف دیگر، امّا کمی بالاتر، کام اهالی را به‌نحواحسن شیرین می‌کنند. مغازهٔ *آقارضابست‌زن* روبه‌روی *کلّامیدی* است که با پرکردن جلوی مغازهٔ خود با چند سبد و کوزه‌ماست خالی و خرمای حصیری همیشه به کار مرمّت قوری و بشقاب

---

[۶۲] در امتداد جنوب – شمال به‌فاصله‌ای کم‌تر از یک‌صدمتر به طرف جنوب

[۶۳] در سمت حرکت به طرف شمال، دست راست: *استادمصطفی‌نجّار* و روبه‌روی آن *استاداسماعیل‌چاقوساز* و *استادکریم‌سلمانی*.

شکسته‌های چینی به روش ترک‌بندی مشغول است. روبه‌روی *آقارضا*، آن مرد ریزاندام و جدّی، همان *آقامحمّدرنگرز* است که همیشه دستانش رنگی است و انبوهی از پوست گردو و انار در کنارش. طنابی هم در پشت دکانش در داخل قبرستان بسته است که کلاف‌های پشمی خیس رنگ‌شده را روی آن آویزان می‌کند و بوی دل‌انگیزی که از چکیدن قطره‌های آب بر روی سنگ قبرها بلند می‌شود ساکنین همیشه آرام را اندکی تسلّی می‌دهد. آن رویگر بلندقامت، *حیدرعلی‌مسگر* هم در همین راسته به‌ضرب زغال و دمیدن دستی هوا در آن ابری از بخار آمونیاک بر سر خود می‌افرازد که گاه قامت بلندش یکسره در آن میان ناپدید می‌شود. بازار ما چندسالی پیشتر دستخوش تغییراتی شده است که در بافت بازارهای سنّتی نمی‌گنجد و آثار و تبعات آن در شمال و جنوب به‌خوبی دیده می‌شود. روبه‌روی نانوایی *مشهدی‌حبیب‌الله* محلّی است که به آن گاراژ[۶۴] می‌گویند و بیشتر پذیرای ماشین‌هایی است که در آن سال‌ها چیزی جز کامون‌کارهای[۶۵] ازجنگ‌برگشتهٔ آمریکایی یا دیزل‌هایی نیست که در زمستان‌های سرد خوانسار تنها به‌ضرب آتش گون و چوب به روشن‌شدن رضایت می‌دهد، امّا ابری از دود بر فراز سر شوفر و شاگردشوفر[۶۶] می‌گستراند، هرچند آن‌ها از کمّ‌وکیفش بی‌اطّلاع‌اند. در شمال بازار امّا در طرف دیگر هم گاراژی است که بیشتر به کار مسافربری اشتغال دارد و آن هم عابرین و دکانداران را بی‌نصیب نمی‌گذارد. در کنار همین گاراژ و در دو طرف آن دو راه‌پلّه است که یکی به *تلفن‌خانه* می‌رسد، جایی که آن مرد ساعی و اندکی معلول جسمی، امّا شوخ‌طبع، همان *محمّدصادق* نشسته است که دایم سیم‌های رنگی کلفتی را به این یا آن ورودی وصل می‌کند و گاهی هم که مشتری از معطّلی در احضار مخاطب خود شکوه می‌کند، با صدایی بلند، و شاید بی‌آنکه مخاطبی در طرف دیگر باشد، فریاد می‌زند: دارون، دارون، خانم‌جان اون فروغی چی شد؟

---

[۶۴] مسامحتاً به معنی بنگاه باربری

[۶۵] به‌غلط = Command Car

[۶۶] مصطلح آن روزها (فرانسوی = aide – chauffeur)

این‌جا تلفن‌خانه بود.

بازاربالا، امتداد شمال -جنوب در سال‌های ۱۳۵۰ شمسی
Bāzārbālā (Bāzār-i Bālā) in Khānsār (Ḫwānsār), North-South view (circa 1970 AD, Courtesy of Mr. Reza Foroozesh)

راه‌پلهٔ دیگر به *قهوه‌خانهٔ‌یدالله* [۶۷] می‌رسد. سال‌ها پیش از اوّلین گرامافون با نشان سگ‌وشیپور[۶۸] در همین‌جا رونمایی می‌کنند، به‌طوری‌که آوازهای *بدیع‌زاده* و *وزیری* بر سر زبان‌ها می‌افتد. انشعابی که به بازار پایین می‌رسد درست همین‌جاست. در آغاز آن و در گوشهٔ سمت راست *علی‌اصغرخرّاط* [۶۹] نشسته است که جوی آب هم از جلوی مغازه‌اش می‌گذرد. بالای دکانش هم آن *عبدالحسین‌عکّاس* [۷۰] است که همهٔ خاطرات شهر را یکجا با خود دارد.

---

[۶۷] درست در نزدیکی تلفن‌خانه

58 His Master's Voice

[۶۹] در تصویر پس از تلفن‌خانه به سمت شمال، همان ورودی است. در تصویر نگارنده با پدرش در سال ۱۳۳۰ هنوز جوی آب دیده می‌شود.

[۷۰] دوست مهربان و عکّاس صاحب‌نام کنونی شهر، *آقامحمّد منصوری* با صرف وقت بسیار در این راه کمکی شایان کرد. آن تصویر خیال‌انگیز از *عمارت میرمحمّدصادق* هم یکی از کارهای ایشان از دههٔ هشتاد است.

شاید کمتر کسی آن روزها می‌داند که او با یک دوربین عکّاسی *هاسل‌بلد*،[۷۱] یا یک فانوسی آلمانی کار می‌کند و ظهور و چاپش هم نفتی است. افسوس که از آن تجهیزات نشانی در دست نیست!

مغازهٔ عبدالحسین‌عکّاس در سال ۱۳۹۱ شمسی

---

61 Hasselblad

برات‌علی هم در *قیصریّه*، نزدیک *استادکریم‌سلمانی* همین کار را دارد. او هم از وقتی خودش را شناخته است عکّاس است. هردوی آنها هم عکّاس از دنیا می‌روند. آن استادکار بی‌مثال، *عبدالوهّاب‌زین‌وبرگ‌دوز*، که چند قدمی پایین‌تر[۷۲] نشسته آن قدر مهارت و هنر دارد که به هر اسب لختی وقاری چندصدباره بدهد. ادامهٔ حرکت ما در همان *بازاربالا* به سمت شمال، چشم را به دستگاهی تمام‌فلزّی و بلندبالایی می‌اندازد که دو مخزن استوانه‌ای شیشه‌ای در بالای آن است و متصدّی اهرمی را به چپ و راست حرکت می‌دهد تا شیشه‌ای پر شود و دیگری خالی. اینجا همان پمپ بنزین است که پیت‌های فلزی رنگ‌شده با نشان *بی‌پی*[۷۳] کنار هم چیده شده است. از پشت همین‌جا صدای مهیب ژنراتور *کارخانهٔ برق*[۷۴] می‌آید که تشکیلاتی مفصّل دارد که هم کوچه‌ها را شب‌ها روشن می‌کند، هم به برخی از خانه‌ها تا ساعت دوازده شب برق می‌رساند. تصویر بازار ما بدون ترسیم سگ‌هایی که روزها بسیار آرام‌اند، گاهی در گوشه‌ای لمیده‌اند و گاهی جلوی در آن دو قصّابی[۷۵] ملتمسانه به گوسفندهایی خیره شده‌اند که از قلّابی آویزان‌اند، و گاهی اذیّت و آزارشان سرگرمی نوجوانان است، امّا شب‌ها به همراه *اسماعیل‌داروغه* شیرهای درنده‌ای را می‌مانند که هیچ‌کس نمی‌تواند از دست آن‌ها جان سالم به‌دربرد، ناقص است.[۷۶] *بازاربالا* در شمال در این نقطه و در جنوب در کنار *کاروان‌سرای عمارت میرمحمّدصادق* که در آن سال‌ها در اختیار شرکت دخانیّات است پایان می‌یابد.

---

[۷۲] در امتداد بازار به سمت «بازارپایین

63 BP

[۷۴] کارخانهٔ برق اندکی پس از انشعاب به سمت «بازارپایین در امتداد شمال

[۷۵] یکی روبه‌روی کلّامیدی و دیگری در امتداد جنوب کمی پایین‌تر

[۷۶] «چون شهر ما در آن موقع [اوایل دورهٔ پهلوی] پلیس نداشت ... بازار و مغازه‌ها به‌وسیلهٔ گزمه و داروغه، و خانه‌ها به‌وسیلهٔ خود مردم محافظت می‌شد. هر سال وقت تجدید قرارداد، داروغه‌ها که از بابت کشیک و حفاظت هر مغازه ماهانه یک یا دو قران حقّ‌الزحمه دریافت می‌کردند، بین سردمداران و بزرگان بازار سر صحبت باز می‌شد، و چون کار سختی بود و به همه کس هم نمی‌شد اعتماد کرد، عدّهٔ به‌خصوصی که مورد اعتماد همه بودند مسئولیّت را عهده‌دار می‌شدند.

گاهی که شب‌ها از مهمانی، روضه یا عروسی برمی‌گشتیم و بایستی از بازار عبور کنیم، همین‌که از دور صدای سگ‌های نگهبان بازار به گوش می‌رسید، هریک از ما خودش را پشت سر دیگری پنهان می‌کرد، و جالب این است که چون از یکدیگر خجالت می‌کشیدند ترس خود را آشکار کنند، نعل وارونه می‌زدند و مرتباً به همدیگر می‌گفتند: مگر تو می‌ترسی؟ سگ که ترس ندارد؛ در حالی‌که اگر ترس مانع نبود و دقیق می‌شدیم کاملاً معلوم بود صدای همه غیرطبیعی است و مختصری می‌لرزد، امّا به محض اینکه از دور صدای داروغه بلند می‌شد و با آن کِپَنَک [لباس پشمی کلفت] سیاه به ما نزدیک می‌گردید، همه که قبلاً خود را پنهان کرده بودند قهرمان‌وار جلو می‌افتادند، و وقتی قیافه‌ها دیدنی بود که معلوم می‌شد سگی که پارس می‌کرده بسته است.» (نقل از کتاب: *ما و آن‌ها*، خوانسار ۱۳۵۸)

امتداد *بازاربالا* به سمت شمال که به *چشمه‌آخوند* می‌رسد: مسافرخانه و ژاندارمری خوانسار در سال‌های سی شمسی

تطاول زمان

بازاربالا هنوز از سرنوشتی که به‌زودی برایش رقم می‌زنند بی‌اطّلاع است. به سال ۱۳۳۹ که می‌رسیم، هم سیّدمحمّدحسن، [۷۷] نوهٔ میرمحمّدصادق در کنار خواهرش و با فاصلهٔ اندکی از سیّدحسین آرمیده است و هم کار احداث خیابانی جدید در خوانسار آغاز می‌شود.

---

[۷۷] بنگرید به: سیّدحسین‌ابن‌ابوالقاسم‌جعفر

سیّدمحمّدحسن نجفی‌زاده (سمت چپ) و خواهرش زهرابیگم (۱۳۳۱ شمسی؛ و ۱۳۲۵)
Graves of Sayyid Muḥammad Ḥasan Nağafīzādih and his sister (1331 Shamsi =1953 AD; and 1325)

این معبر جدید باید شمال را به جنوب وصل کند، بی‌آنکه کسی بداند چگونه باید از جنوب خارج شود. باغ‌ها و خانه‌ها از دم تیغ می‌گذرد تا به موازات رودخانه سرانجام خیابانی برپا می‌شود. این بار شبه‌کارشناسان مغازه‌ها را بر روی رودخانه می‌سازند، هرچند خاطرهٔ تلخ سیل ویرانگر همان سال‌ها را چشیده‌اند. پیشه‌وران دسته‌دسته به سوی خیابان جدید روی می‌آورند. کسبهٔ *بازاربالا* هم از این قاعده مستثنی نیستند. چندسالی همین کسبه به کوچ اجباری تن درنمی‌دهند، تا سرانجام در سال‌های ۱۳۵۰ به این کار رضایت می‌دهند. هر کس به فراخور کسب خود جایی در خیابان جدید می‌یابد، امّا چند نفری هم در بازار بالا می‌مانند و گویا گاهی هم زیرلبی می‌خوانند:

*یا بزرگی و عزّ و نعمت و جاه * یا چو مردانت مرگ رویاروی*

استادکاران محبوب ما برخی رویارویی را برمی‌گزینند و برخی زوال حرفهٔ خویش را به چشم می‌بینند. قاشق‌تراش‌ها و گیوه‌دوزها و سنگ‌تراش‌ها که در بازار دیگری مستقرّ بودند پیشتر از آنها طعم این درد را چشیده‌اند. بازار ما اینک ویرانه‌ای است که از سقف آن هم چندمتری بیشتر باقی نمانده. آن بازار پررونق همپای *عمارت میرمحمّدصادق* در خاموشی مرگ‌بار فرومی‌رود.

سالی چند به همین منوال سپری می‌شود تا سرانجام امواج خروشان محرّم ۱۳۵۷ فرا می‌رسد. دامنهٔ برخی از اعتراضات مردمی به *بازاربالا* هم می‌کشد و برخی از جوانان بر زمین می‌افتند، به‌طوری‌که این‌بار نه خاموش، بل فروزان می‌شوند. پیکرهای برخی چه به سبب این حادثه و چه به سبب پایمردی در جبهه‌های جنگ، *قبرستان پشت بازاربالا* را عطرآگین می‌کند و سّیدحسین این بار پذیرای میهمانانی است که هرچند از فرزندان او نیستند، امّا در جایگاهی بس بالاتر از او نشسته‌اند. سال‌ها بعد دستهٔ دیگری از کارشناسان از راه می‌رسند که حکم به تخریب کلّی *بازار*[۷۸] و باز هم تعریض معبر می‌دهند و قبرستان *پشت بازاربالا* را متروکه اعلام می‌کنند و مقبرهٔ دوصدسالهٔ *سّیدحسین* را به اشارهٔ انگشتی تلی از خاک. برخی دانایان که *سّیدحسین* و پدرش میرسیّدابوالقاسم‌جعفر را، یا همان: ابوالقاسم‌بن‌الحسین‌الحسینی‌الموسوی را، می‌شناسند بی‌درنگ حکم به بازسازی مقبره‌ای در خور شئونات او می‌دهند.

سّیدحسین این بار هم با میهمانانی همیشه‌جاوید که به فاصلهٔ اندکی از او آرمیده‌اند تنها شاخصهٔ همان *بازاربالا* باقی می‌ماند.

---

[۷۸] *به‌نقل* از دو خوانساردوست عزیز دربارهٔ *تخریب بازاربالا*، با اندکی تلخیص: «عکسی که دیشب دوست عزیزمان *مهدی حاجی‌زکی* به اشتراک گذاشت، من را به‌یاد *بازاربالا* انداخت:

این بازار در روزگار رونق اقتصاد خوانسار، پیش از دههٔ سی مرکز معاملات منطقه برای کالاهای استراتژیک آن روزگار، اعم از آرد و انواع خشکبار و ... بود؛ بازاری مسقّف با مغازه‌های یکسان و مشابه که نیم‌متری از سطح جاده بالاتر بودند و از انتهای پنجره راهی به بیرون داشتند و سکوهایی در اطراف مغازه‌ها با درهای چوبی مشبّک و زیبا. تصویری که در ذهن من از این بازار مانده به سال‌های پایانی‌اش برمی‌گردد که سقف آن خراب شده بود و هیچ کسب‌وکاری در آن جریان نداشت، امّا شکوه و جلوهٔ خودش را داشت که دویست مغازه را دست‌کم داشت. من یک دوچرخهٔ سبزرنگ نمرهٔ ۲۰ داشتم، عظیم آبی رنگش را و علی ۱۶سفید رنگش را. ظهرهای تابستان از در خانه راه می‌افتادیم به مسابقه‌دادن، انتهای بازار که می‌شد، حول‌وحوش جایی که مرکز توانبخشی هست، یعنی روبه‌روی اورژانس جدیدالاحداث خوانسار یک شیر آب بود که خط پایان مسابقه بود و استراحتگاهی فرح‌بخش. شاید به تعداد هر نود روز تابستان این مسیر را رکاب می‌زدیم. متأسّفانه این اثر تاریخی که می‌توانست مانند *بازار وکیل شیراز* باقی بماند و جنبهٔ گردشگری بسیار قوی داشت، در حدود سال ۱۳۷۴ (اگر اشتباه نکنم) تخریب شد و به جایش خیابان *سیزدهٔ محرّم* توسعه یافت که مسیر عبور اتوموبیل‌رانان خارجی بود که در راستای یک *رالی بین‌المللی* از خوانسار عبور می‌کردند؛ و یادش به‌خیر از در بالای دبیرستان شریعتی (دریانی)، ما کلاس‌اوّلی‌های دبیرستان برایشان دست تکان می‌دادیم. یادم هست به‌دلیل عجله در احداث این خیابان پس از عبور خودروهای مسابقه، خیابان را یک‌متری کندند و از نو زیرسازی کردند و دوباره آسفالت، چون‌که خیابان با عبور چندکامیون فرورفته بود. افسوس...
» نوشته‌شده در روز پنجشنبه دوازدهم بهمن ۱۳۹۱، *سّیدعلی‌رضا صاحبی*

۵

چرا این چهار نوشته؟

(۱۱۵۷ تا ۱۳۷۲ قمری)

مقدّمه‌ای بر:

نظریّهٔ دینامیکی گسستگی

Études sur Khānsār (Ḫwānsār, Province d'Isfahān, Iran
1157-1372 de l'hégire
Pourquoi ces quatre Essais?
Sur la
Théorie Dynamique de la Discontinuité

۵

نظریّهٔ دینامیکی گسستگی

چهار مدخلی که ذیل خوانسار نگاشتیم با اندکی تقریب بازهٔ زمانی ۱۱۲۰ تا ۱۳۲۰ شمسی را دربرمی‌گیرد که چهار زیربازهٔ پنجاه ساله را پوشش می‌دهد. اگر مدخلی نیز در آینده به آن‌ها بیفزاییم، آن مدخل را زیرنوشتی بر مدخل اصلی می‌انگاریم، به‌گونه‌ای که «رابطهٔ منطقی» که در زیر، میان آن چهار مدخل ترسیم می‌کنیم، همچنان به قوّت خود باقی می‌ماند و حتّی می‌توان از خواندن آن «مدخل نو» صرف‌نظر کرد.

با *ابوالقاسم‌بن‌الحسین‌الحسینی‌الموسوی* ابتدا نشان می‌دهیم که چگونه عالمی از مکتب اصفهان، که در پی بروز فتنه و آشوب افغان در شهرش، در نقطه‌ای نه‌چندان معمور سکنی می‌گزیند، وظیفهٔ خود را پاسداری از اصول راستین اسلام و جلوگیری از انحراف و انحراط در آن می‌داند، تا جایی که خود می‌گوید: «و نگذارد که جاهلان و غرض‌داران از روی جهل و خطاء، یا از برای غرض‌های فاسدهٔ دنیا دین را تغییر دهند، و احکام الهی را کم و زیاد کنند، و چیزی که در آن نیست داخل، و چیزی که در آن داخل است بیرون کنند.» این دعوی به یقین جوهر *مانای* پیام همهٔ کسانی است که پیش از او نیز قد برافراشته‌اند و چیزی جز بازتابی از *آن پیام* نیست که در دهم محرّم سال ۶۱ هجری در لحظه‌ای «به‌ناگاه» «همه‌گیر» شد. ما نیز زین‌پس از آن به جوهر *مانا* و یا *آن پیام* یاد می‌کنیم.

با *سیّدحسین‌ابن‌ابوالقاسم‌جعفر* نشان می‌دهیم که پس از *ابوالقاسم‌بن‌الحسین‌الحسینی الموسوی*، کسانی با نام و نشان و زندگی روشن بر آگاهی یافتن عموم از بازتاب همیشگی آن پیام همّت می‌گمارند و با آموزش شاگردانی چون میرزای‌قمی، پیام خود را در مقیاسی وسیع‌تر می‌گسترانند. گذر زمان نیز دیگرانی چون *سیّدحسن‌بن‌حسین بن‌ابوالقاسم‌جعفر* و سیّدمهدی‌بن‌حسن‌بن‌حسین‌بن‌ابوالقاسم‌جعفر را پدیدار می‌کند که همان وظیفه را بی‌کم‌وکاست دنبال می‌کنند، یعنی: آگاهی به بازتاب آن پیام.

با *عمارت میرمحمّدصادق* نمودی عینی از ترجمهٔ اندیشه‌هایی که «فرهنگ و تمدن اسلامی» - هرچند در مقیاسی بسیار کوچک - اینجاوآنجا بنا می‌نهد، ارائه می‌دهیم. ایجاد شهرکی در مقیاس *محلّهٔ رئیسان* نمونه‌ای است دقیق و روشن از «کارایی و توانمندی» آن اندیشه‌ها در انجام «وظیفهٔ سامان‌دادن به زندگی اجتماعی».

با *بازاربالا* – هرچند خود جزئی از آن مجتمع بزرگ *عمارت میرمحمّدصادق* است – مقارنت ورود *عناصر غیربومی مادّی* به آن را با ورود *عناصر غیربومی فکری* در *عمارت میرمحمّدصادق* نشان می‌دهیم. و چنانچه می‌بینیم بروز گسستگی در بافت *بازاربالا* با افول *عمارت میرمحمّدصادق* هم‌زمان است.

این چهار مدخل که مبنای مطالعهٔ ماست، نشان می‌دهد که *جریان پیوسته و منسجم فرهنگ و تمدّن اسلامی*، که ما یک نمونهٔ کوچک و جزئی آن را در بخشی از خوانسار طی سه سده مطالعه می‌کنیم، در سال‌های ۱۳۱۰ دچار گسستگی می‌شود.

اکنون با استمداد از این نمونهٔ تاریخی، میل داریم *نظّریهٔ دینامیکی گسستگی* را مطرح کنیم که مبتنی بر این پیش‌فرض‌هاست:

الف – *عمارت میرمحمّدصادق* در سایر نقاط ایران پدیدار شده است.

ب – احصاء نمونه‌های دیگر ما را به نتایج متقارب خواهد رساند.

ج – گسستگی، فی‌نفسه، *دینامیک گسستگی* را ایجاد کرده است که همچنان یک *عملگر* است؛

و سرانجام درصورتی‌که نتوان با یک نمونه حکم به ابطال *نظّریهٔ دینامیکی گسستگی* داد، این پرسش را مطرح می‌کنیم که:

«*الگوی پیشرفت و توسعهٔ مادّی و معنوی*» چگونه باید با دینامیک گسستگی تعامل کند؟

خوانسار، آذرماه ۱۳۹۱(عاشورای ۱۴۳۴ قمری)